浙江省普通高校"十三五"新形态教材

高职高专国际贸易专业系列教材

外 贸 跟 单

主 编 王一名

副主编 平 萍

西安电子科技大学出版社

内 容 简 介

　　本书是围绕外贸企业中跟单员岗位的相关工作编写的,涉及订单从无到有,从签订合同到履行合同的完整流程,覆盖了跟单员的所有实际工作任务,同时体现跟单员与客户、工厂及公司内各个部门之间的联系。本书对最新的外贸跟单的知识和技能模块进行了梳理,包含打样跟单、订单审核、大货跟单、结算跟单及出运跟单五大实训项目,共计 15 个工作任务,力图通过具体项目任务执行的过程构建外贸跟单的知识体系,并培养职业素养。本书案例丰富、实用性强,编者创新性地制作了一系列商贸短片(扫描书中二维码获取),生动地展现了外贸工作中的重要环节和大量细节,对于学生理解跟单员岗位工作有极大的帮助作用。

　　本书主要针对高职高专院校国际贸易相关专业的学生,旨在通过立体化、数字化的新形态方式,指导有关跟单课程的项目化教学的开展。

图书在版编目(CIP)数据

外贸跟单/王一名主编. —西安:西安电子科技大学出版社,2021.6
ISBN 978-7-5606-6052-3

Ⅰ. ①外…　Ⅱ. ①王…　Ⅲ. ①对外贸易—市场营销学—高等职业教育—教材
Ⅳ. ①F740.4

中国版本图书馆 CIP 数据核字(2021)第 068754 号

策　　划　刘小莉
责任编辑　孟　佳　刘小莉
出版发行　西安电子科技大学出版社(西安市太白南路 2 号)
电　　话　(029)88242885　88201467　　邮　编　710071
网　　址　www.xduph.com　　　　　　　电子邮箱　xdupfxb001@163.com
经　　销　新华书店
印刷单位　陕西精工印务有限公司
版　　次　2021 年 6 月第 1 版　　2021 年 6 月第 1 次印刷
开　　本　787 毫米×1092 毫米　1/16　印　张　9.5
字　　数　222 千字
印　　数　1～2000 册
定　　价　30.00 元

ISBN 978-7-5606-6052-3/F

XDUP 6354001-1
如有印装问题可调换

前　言

跟单员是外贸企业中非常重要的一个岗位，广泛存在于订单型生产企业和外贸企业中，是客户与工厂、外贸部与生产部（或物流部、财务部等）之间沟通的桥梁和纽带。跟单员并不是业务员，也不是单证员，更不是报关员，但是跟单员的工作却和他们密切相关。一张订单从无到有，从生产到出货，从签订到收款，无一不是在跟单员的全程跟踪和全力协调之下完成的。目前一些高职院校商贸类专业陆续开设了跟单方面的课程，旨在培养学生在外贸跟单与生产跟单方面的专业技能。由于该课程实践性非常强，是对外贸跟单岗位认知、出口订单合同分析、供应商选择、出口样品跟单、原材料采购跟单、货物生产进度跟单、货物品质跟单、出口包装跟单等模块的综合应用，因此，通过纸质教材与数字化资源一体化的新形态教材去诠释外贸跟单员的核心工作模块和工作内容是非常合适的。

新形态教材是反映学科行业的新知识、新技术、新成果的一种有效载体，新形态教材支持移动学习、线上线下混合式教学，充分体现了课程与教材资源的有机融合。近年来，高职院校众多实践操作类的课程教材逐渐从传统教材向新形态一体化教材转型升级，新形态教材成为传统课程向智慧课堂升级的有力工具。

本书就是围绕跟单员的工作内容逐步展开的，涵盖了从客户开发到订单签订，从生产过程的跟踪到顺利出货的完整流程，是一本介绍跟单员的所有实际工作任务的新形态教材。本书主要有三大特色。第一，数字化特色显著。本书将外贸跟单的各个工作环节通过商贸短片的方式进行展示，可通过扫描二维码获取商贸短片以及教学资源库中的教学案例、多媒体课件、试题库等拓展资料。特别要提及的是，编者选择了几篇优秀的跟单岗位毕业设计，均是近几年宁波职业技术学院大三毕业生实习期间从事跟单员工作的真实案例(由王一名老师指导完成)，可以充分体现实际工作中跟单工作的完整流程及典型工作任务，帮助学生理解本书中的相关内容。第二，案例丰富。本书在编写过程中，得到了宁波思逸倍欣进出口有限公司、宁波凯耀电器制造有限公司的支持，通过校企合作的方式，企业为本书提供了丰富的实际案例和素材，将跟单项目的工作任务与企业的实际结合，从而开展全方位的项目训练。第三，实用性强。本书突出了以培养学生技术应用能力为主线的高职高专教育的特色，既可以独立作为实训教材使用，也可以和跟单有关教材配套使用，适合高职高专院校商贸专业及相关专业选用。

本书由宁波职业技术学院国际经济与贸易专业的王一名老师担任主编，浙江长征职业技术学院平萍老师担任副主编。王一名编写项目一、项目三至项目五，平萍编写项目二，全书由王一名负责整体策划并统稿。

本书作者长期从事外贸跟单、国际贸易实务等课程的教学工作，并长期与外贸企业保持着密切的联系，在校内也采用企业与教师协同授课的方式，积累了大量外贸跟单领域的素材。宁波职业技术学院国际经济与贸易专业的陈婉慧、苗梦奇、庄佳慧等几十名同学加入了学校立项的"商贸短片拍摄工作坊",在王一名老师的带领下,一起参与了外贸跟单视频短片的编撰和拍摄工作。在本书的编写过程中,我们参阅了很多书籍与网站的有关文献,吸收了国内外跟单操作研究方面的新成果,并得到众多企业专家、学者及相关从业人员的帮助和支持,在此一并致以衷心的感谢。

本书旨在全面、系统、生动地描述外贸企业跟单员的具体工作,指导有关跟单课程的项目化教学的开展。本书带有某种尝试性质,加之编者学识有限,书中不足之处在所难免,敬请广大读者和有关专家不吝赐教。

编　者

2021 年 1 月

目　　录

实训项目一

打 样 跟 单

打样

【实训目标】

了解进出口贸易中样品应用方面的基础知识，能够完成从分析客户来样到安排打样、送样直至最终确认成交样的过程，为后续大货订单做好准备。

【实训要求】

了解产品质量方面的基础知识，掌握不同种类样品的功能及应用情况，能够根据客户的要求提供样品进行确认，正确理解客户的评语，完成样品的反复确认过程，掌握样品方面的专业术语和样品编号方面的技巧，要求学生具备较好的时间观念、沟通技巧、团队协作精神及严谨的工作态度。

【实训项目】

香港 TAA 公司的 Anthony 通过广交会结识了 Slann 公司的外贸部经理 Billy，并初步了解到 Slann 公司的情况。为了进一步了解 Slann 公司的产品质量和客户服务水平，Anthony 决定从打样开始与 Slann 公司进行接洽，以确定是否要与之合作。Billy 把从 Anthony 处收到的客户样品交给 Jenny，交代她跟踪样品的有关事项，争取获得 TAA 公司的第一张订单。

工作任务一 分析原样

【任务描述】

　　Jenny 仔细查看 TAA 公司提供的原样，以及 Billy 转发过来的客户对打样要求的邮件，结合自己公司产品生产的情况对原样进行分析。

一、知识要点回顾

　　在国际贸易中，凡以样品表示商品品质并以此作为交易依据的，称为"凭样品买卖"(Sale by Sample)。凡由卖方提供样品并由买方确认作为交货品质依据的，称为"凭卖方样品买卖"。如图 1-1 所示为某织带公司的样品册，客户可从卖方提供的样品中选择自己中意

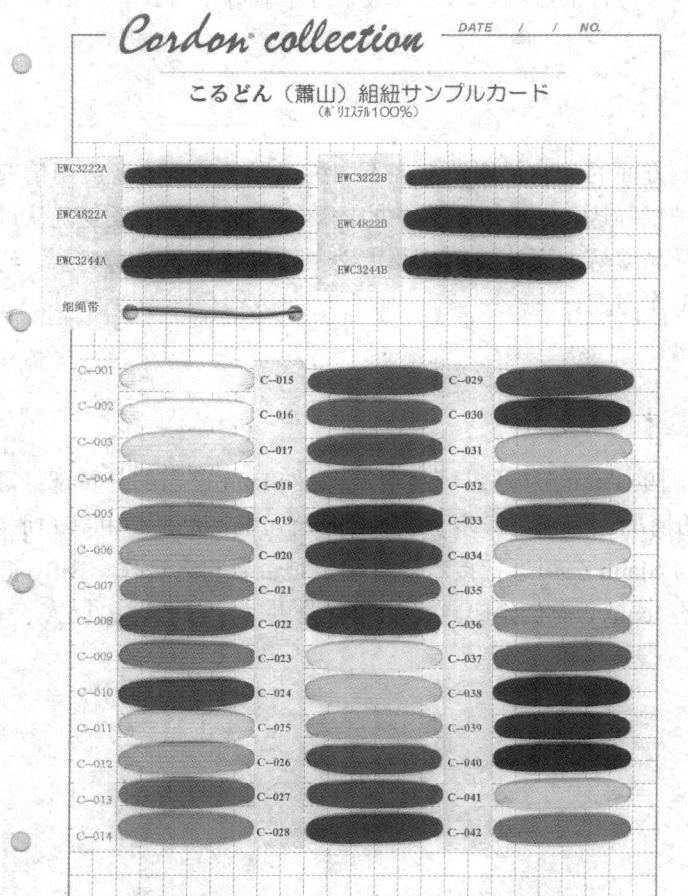

图 1-1　某织带公司的样品册

的型号(如 C-037)直接下订单。

当然，客户也可以根据卖方提供的不同样品进行组合提出新的样品要求，例如"Please make sample with color as C-037 and width as EWC3222B"，再根据卖方提供的新样品进行确认和磋商。

有时买方为了使其订购的商品符合自身的要求，也会提供样品交由卖方依样承制，如卖方同意按买方提供的样品成交，称为"凭买方样品买卖"，这时买方提供的最初的样品我们通常称为"原样"(Original Sample)。

通常客户来样有两种情况，一种是跟随订单的来样，另一种是单纯来样。

单纯来样是客户出于试探性或者技术储备的目的，既为考察企业生产能力，也为订单预先进行准备。

跟随订单来样是针对该订单要求，以合同(订单)附件形式一同下达，打样的时间包括在订单的交货期内。

收到客户来样后，跟单员要结合客户邮件内容进行仔细分析，必要时要同公司技术研发部门共同进行分析，全面理解客户对打样的要求。尤其要确认的是打样的数量、打样的时间，以及工艺指标是否完整、客户所需的工艺是否能满足、打样所需原材料是否有库存、技术部门是否有更好的打样建议等。

分析原样不可仓促，遇到容易误解或者需要进一步确认的事项应立即与客户进行沟通，力求一切明确后再安排打样，否则可能会给后续打样及送样确认过程留下隐患，致使时间延误。

同时还要特别注意以下几点：

(1) 客户的来样要妥善整理并保管，尤其是同一客户的多个订单对应的多个样品，要认真仔细核对，避免出现差错和混淆；

(2) 视样品特点将客户的原样留存一份(或一部分)以备随时比对，也可在后续订单履行过程中作为依据，有不明确的样品应及时与客户沟通，落实样品的使用方向；

(3) 客户来样要与订单对应，编号或单号要明确且容易区分，每个公司往往都有自己的一套编号的方法，只要容易判断识别和查找即可。

二、工作任务实施

分析客户原样(见图 1-2)的全部内容，理解客户关于打样要求的邮件(见图 1-3)。

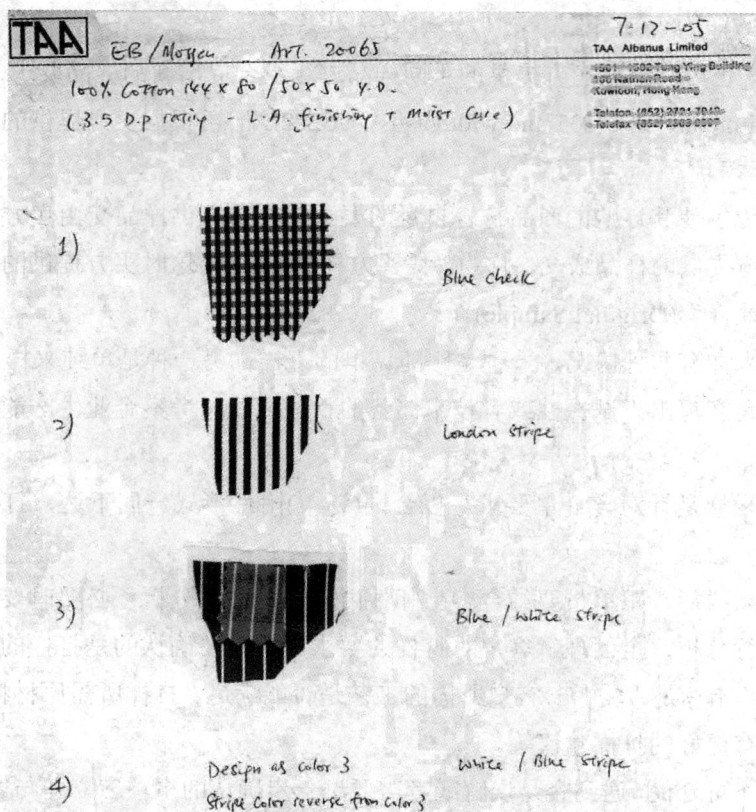

图 1-2 TAA 客户来样

Hi Billy,

Pls note we are sending you samples of ART.20065 today, pls arrange handlooms accordingly, tks.
- Pls note that the requested construction is 144x80/50x50 LAF D.P. rating 3.5, customer would like to keep the design as original sample. In this case, pls advise by return the most similar construction and price offer with the advised construction as well, tks.
- Pls kindly confirm we can receive handlooms latest on 15/12, tks.

Regards,
Anthony

图 1-3 TAA 客户邮件

【步骤一】 翻译并分析客户邮件和来样，归纳客户的打样要求，填写表 1-1。

表 1-1 客户来样要求统计表

来样日期(Date)	
客户名称(Buyer)	
客户编号(Buyer Ref)	
花型名称(Pattern)	
组织规格(Structure)	
印染要求(P.D./ Y.D.)	
整理方式(Finishing)	
打样时间要求(Date)	
其他要求(Remark)	

【步骤二】　分析技术部门的反馈(见图 1-4)，注意箭头所指内容，给客户回一封邮件，提出技术部的建议供客户参考确认。

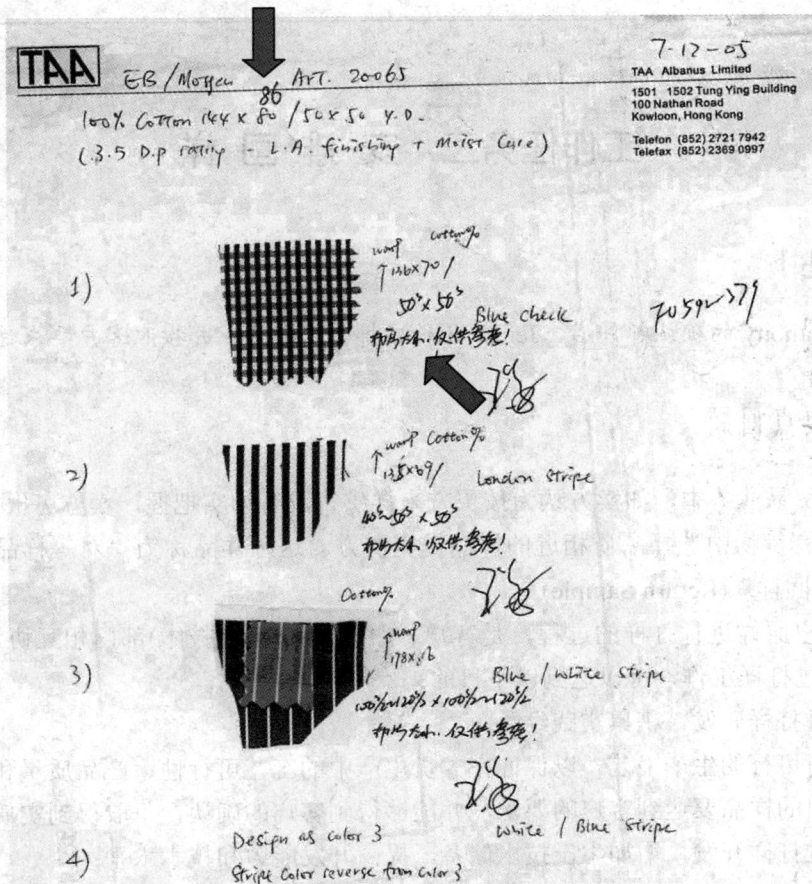

图 1-4 技术部反馈

To: Anthony

C.C.: Billy

Subject: Sample of Art.20065

Dear Anthony,

After checking the original sample of ART.No.20065 by Technology Department, we find _____

_____

_____

_____

Regards,

Jenny

工作任务二　安排回样

【任务描述】

收到 Anthony 的确认邮件后，Jenny 开始安排工厂打样，并按照客户要求送样确认。

一、知识要点回顾

在实际贸易业务中，如卖方认为按买方来样供货没有切实把握，卖方可根据买方来样仿制或从现有货物中选择品质相近的样品提交买方。这种样品称为"对等样品"(Counter Sample)或"回样"(Return Sample)。

根据客户原样进行打样的过程，是客户、跟单员和研发(技术)部门相互协调配合共同完成的。通过打样工作，可以达到以下目的：

(1) 通过打样研发，积累实践经验；

(2) 探讨可行的生产工艺，以保证在大货生产中的工艺可行性、产品质量和生产效率；

(3) 打出的样品要达到客户的要求，并能够得到客户的确认，争取得到实质性的订单；

(4) 通过打样开发，增加生产技术储备，提高开发能力和技术水平；

(5) 确保订单顺利完成，尤其是对于多品种、多颜色、多花型、小批量的订单，能够锻炼和提高生产企业的适应能力和应变能力，提高竞争力。

作为跟单员，在安排打样过程中需注意做好以下工作：

(1) 正确下达打样通知单(样品单)，详细转达客户有关打样的各项要求，同时附上客户提供的各种原样、参考样或工艺文件等。如图 1-5 所示是某公司的样品单。

样品单

申请单号：

申请部门	业务部	申请人	Victor		申请日期	10月11日
样品用途			北美超市项目样品		送样日期	10月25日
	品名	规格型号	样品要求		数量	图片
	M3042	24*32Inch	1、取消L型挂片（同CL19069北美四款） 2、胶水使用UL认证胶水 3、电源线改为美标线（BOM已更新） 4、接地保护，接地线锁在方管上或者铁皮上 5、防护板使用螺丝和胶水一起固定在后面 6、所有五金件必须通过5%48小时盐雾测试（涂层无铅） 7、使用UL/ETC电源，110V 8、双向悬挂：竖挂（左下角）横挂（右下角） 9、玻璃要提供"SGCC"证书 10、背盖品质要加强 11、包装要求：250psi外箱；珍珠棉护角；蜂窝板（王工设计，样品要用此要求包装） 12、镜背系统用技术部新方案 色温：6500K		3	
	色温：□3000K □4000K □6000K □6500K □3000/6500K					
	样品验收要求	1.外观要求：材质/表面处理等				
执行部门						
技术部						
接收部门		接收人			接收日期	

图 1-5　某公司样品单

(2) 实时跟踪打样进程，抓紧时间，提高工作效率，力争在最短时间内生产出合格的样品以争取客户的信任和更多的订单。这就要求跟单员与研发(技术)部门以及合作工厂保持密切联系和有效沟通。如果时间上有困难，应及时与客户沟通，争取客户的谅解后，适当延长时间。

(3) 将制作好的回样寄交客户时，应注意正确填制送样通知书，表述内容通常包括所送样品的客户名称、单号、样品编号(色号)、特殊工艺、送样时间等，随同样品一起送交客户。很多公司也会根据产品的特点制作相应的送样标签，随样品一同寄送。如图 1-6 所示为上海某外贸公司服装样品标签，图 1-7 是该公司饰品样品标签。

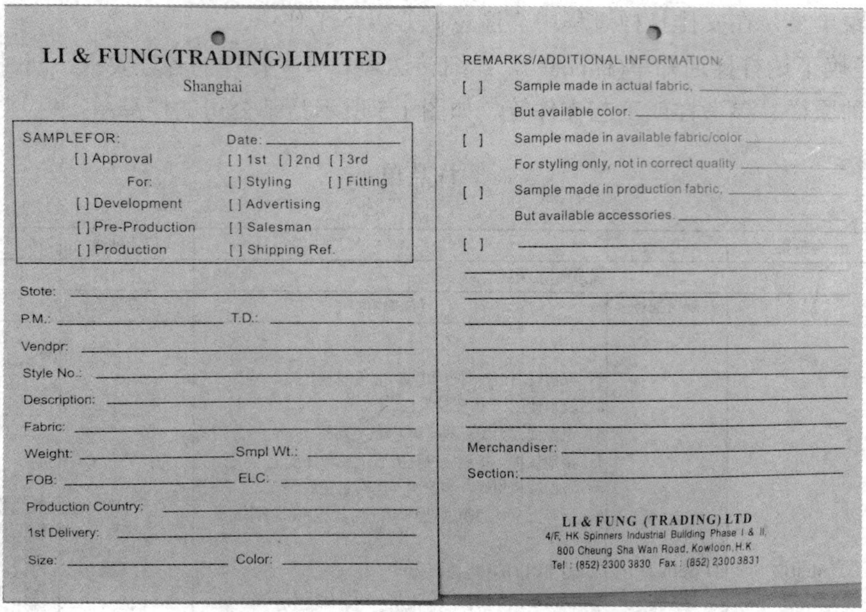

LI & FUNG(TRADING)LIMITED
Shanghai

SAMPLEFOR: Date: ______
[ ] Approval [ ] 1st [ ] 2nd [ ] 3rd
For: [ ] Styling [ ] Fitting
[ ] Development [ ] Advertising
[ ] Pre-Production [ ] Salesman
[ ] Production [ ] Shipping Ref.

Stote: ______
P.M.: ______ T.D.: ______
Vendpr: ______
Style No.: ______
Description: ______
Fabric: ______
Weight: ______ Smpl Wt.: ______
FOB: ______ ELC. ______
Production Country: ______
1st Delivery: ______
Size: ______ Color: ______

REMARKS/ADDITIONAL INFORMATION:
[ ] Sample made in actual fabric, ______
But available color. ______
[ ] Sample made in available fabric/color ______
For styling only, not in correct quality ______
[ ] Sample made in production fabric, ______
But available accessories. ______
[ ] ______

Merchandiser: ______
Section: ______

LI & FUNG (TRADING) LTD
4/F, HK Spinners Industrial Building Phase I & II,
800 Cheung Sha Wan Road, Kowloon, H.K
Tel : (852) 2300 3830 Fax : (852) 2300 3831

图 1-6 服装样品标签

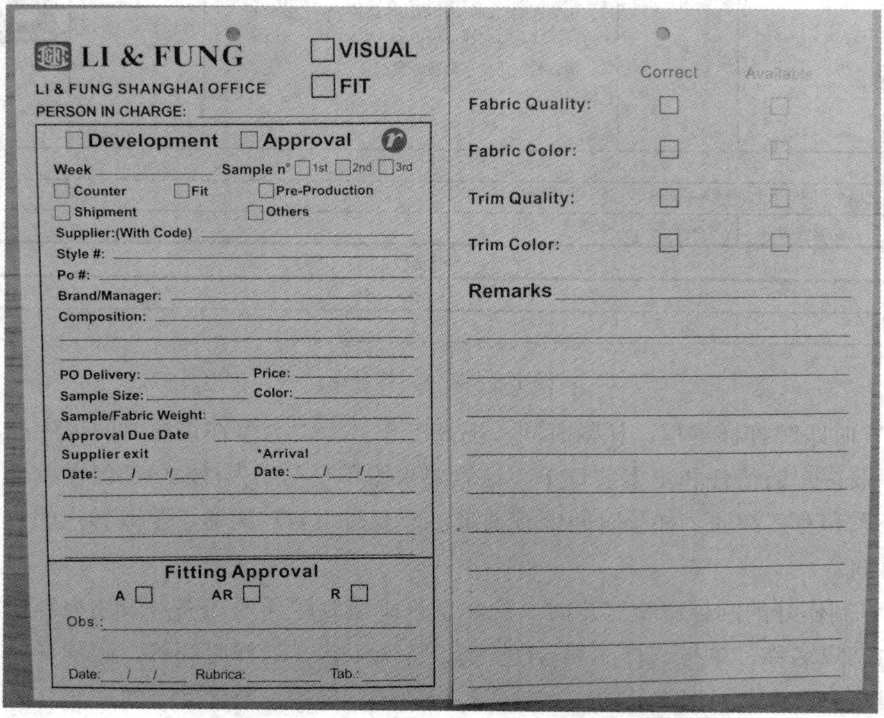

LI & FUNG
LI & FUNG SHANGHAI OFFICE
PERSON IN CHARGE: ______
VISUAL
FIT

Development Approval
Week ______ Sample n° 1st 2nd 3rd
Counter Fit Pre-Production
Shipment Others
Supplier:(With Code) ______
Style #: ______
Po #: ______
Brand/Manager: ______
Composition: ______
PO Delivery: ______ Price: ______
Sample Size: ______ Color: ______
Sample/Fabric Weight: ______
Approval Due Date ______
Supplier exit *Arrival
Date: __/__/__ Date: __/__/__

Fitting Approval
A AR R
Obs.: ______
Date: __/__/__ Rubrica: ______ Tab.: ______

Correct Available
Fabric Quality:
Fabric Color:
Trim Quality:
Trim Color:
Remarks ______

图 1-7 饰品样品标签

为了体现诚意，同时增加客户确认样品的成功率，跟单员也可以协同生产部门提供几种不同的样品供客户选择。例如某化妆品玻璃瓶订单中，就玻璃瓶身由浅到深给客户提供了“LIGHT”“STANDARD”及“DARK”三种色样板进行选择，如图 1-8 所示。

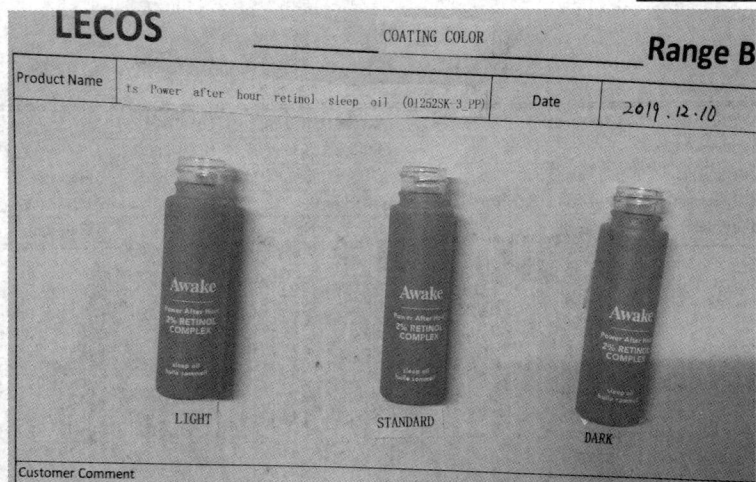

图 1-8　某公司玻璃瓶身色样板

对于玻璃瓶的滴管，则提供三种不同的工艺进行选择，分别为胶头和外盖喷涂是亮哑光组合，或全是哑光，或全是亮光，如图 1-9 所示。

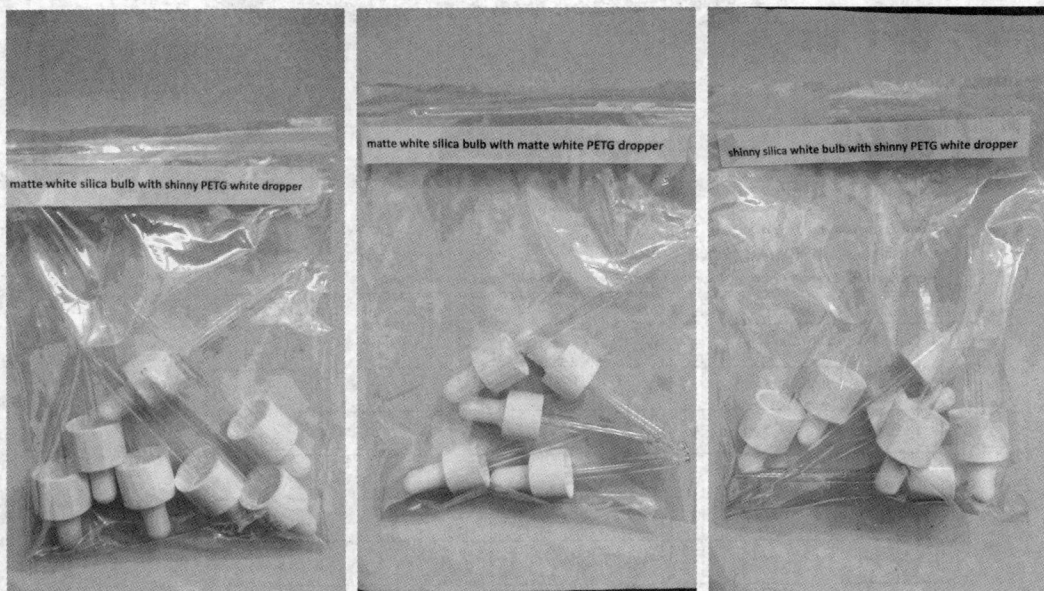

图 1-9　三种不同工艺滴管送样

此单最后客户选择了"STANDARD"的瓶身，玻璃滴管则选择的是哑光喷涂和亮光硅胶组合。

(4) 做好送样通知书的备份工作，在条件允许的情况下应留存一份(或一部分)样品，作为日后与客户沟通时比对分析之用。这种样品我们可称为"留样"(Keep Sample)，如图 1-10 所示。

客户名称(Buyer):	TAA-MOSGEN		来样编号(LAB No):	F0512-379	
注意事项(Remark):			手织板号(H/L No):	HL05-81983A	
加工公司(Factory):			客户编号(Buyer Ref):	ART.20065	Process:
组织规格(Structure):	50x50 / 144x86 (成份:100%cotton yarn dyed fabric)		送样日期(Date):	12/14/2005	
花型名称(Pattern):	Blue/white stripe		款号(Style No):		Season:

Color fastness to light: *35*

Color fastness to rubbing(wet)/crocking(wet): *3.5*

Remarks: 1.The handloom is only for the pattern layout approval.　　Not for whiteness.

	色名	色号	色级	经/纬	纱样		色名	色号	色级	经/纬	纱样
1	兰	50BL21726R	A	W		7					
2	白	50WH009		W		8					
3						9					
4						10					
5						11					
6						12					

图 1-10　客户回样留底

　　(5) 做好寄样与通知。寄样方式一般采用快递,常见的国际快递公司有 FEDEX、DHL、UPS、TNT、EMS 等。使用公司约定的快递公司可以得到及时贴心的服务,并且方便结账,一般采用签单月结的方式。此外,不同的国际快递往往在不同的国家和地区有区域优势,体现在寄送时间、重量或价格方面。图 1-11 为某企业跟单员根据自己公司的产品特点及出口地，对快递公司进行比较分析的结果。寄送快递后要保留底单，作为出现意外情况时要求快递公司理赔的依据和查询物品运送情况的依据。寄送后应及时通知客户，告知客户快递单号和寄送时间，以确保客户及时查收并且及早给予确认意见。

快递公司	价格	速度	优势
EMS	较低	较慢	扣关后，免费运回
DHL	10～21 kg 比较低	较快	运送中等货物运价较低
TNT	较高	较快	西欧地区有优势
UPS	6～21 kg 比较低	较快	美加、南美、英国等几个区域有优势，速度快
FedEx Express	>21 kg 比较低	较快	东南亚、北美有价格优势，速度快

图 1-11　主要快递公司服务比较

(6) 处理好样品费用问题。在实际的国际贸易业务中，较多的客户要求外贸公司提供样品或打样。样品的制作和寄送产生的费用一般由客户、厂家或外贸公司承担，也可通过协商由多方共同分担。基本对策是：

① 根据样品价值决定。通常对于价值低的样品可坚持客户付运费(采用到付寄送)，样品免费；如果样品价值高，通常要坚持收费。

② 根据是否为目标市场进行择取。通常对于非目标市场的客户，可收样品费和运费；对于符合目标市场的客户，如样品价值不高可仅收运费，或者为进一步开拓市场而全部免费。

③ 对于信誉好的客户或老客户可考虑样品费和运费全免；对于新客户，寄样品之前要从多方面了解客户索要样品的目的，判断其诚信度；对于那些避而不谈样品费和运费或直接要求免费的客户可不必太理会。如果一时难以确定，又怕丢掉订单，可与对方商谈由客户先行支付，等双方确认签订了大货订单后，可将样品费用从订金或货款中扣除。总之，需要跟单员在保护公司利益的前提下最大化体现对客户的诚意。

二、工作任务实施

【步骤一】 下达打样通知单，如表 1-2 所示。

表 1-2 面料产品打样通知单

打样通知单			
客户名称(Buyer):		来样日期(Date):	
客户编号(Buyer Ref):		来样编号(Lab No.):	
成分要求(Contents):		测试标准(Test):	
印染要求(Dying): P.D. □ Y.D. □		免烫等级(D.P.Rating):	
整理方式(Finishing):			
花型名称(Pattern)	组织规格(Structure)	尺寸要求(Size)	每色小样数量
色样(Lab Dip)	需要□ 不需要□		
送样时间要求(Date)			
附件: 后附客户原样资料_____份，共_____个颜色。			
其他要求(Remark):			
跟单员:		主管签字:	
制单日期:		技术部签收:	

【步骤二】 快递寄送样品，并给客户发邮件通知，注意样品编号的使用，告知详细的快递时间、快递公司名称、快递单号等。

To: Anthony

C.C.: Billy

Subject: Sample of Art.20065

Dear Anthony，

Pls kindly note we have sent the samples of Art.20065 to you just now, details as following:

_____

_____

_____

_____

Pls have a check and issue your comments asap.

Regards,

Jenny

工作任务三 确定成交样

【任务描述】

Jenny 主动联系 Anthony，询问客户对样品的意见，就样品确认问题进行积极的沟通。

一、知识要点回顾

凡经买方确认的样品都被称为"确认样品"（Approval Sample），一旦其被纳入合同条款中，便称为"成交样"，是买卖双方交货与验货的唯一依据。

跟单员对出口商品的成交样品要慎重把握，成交样必须具有代表性，应当能够代表今后交货的实际质量，不能偏高或偏低。偏高会增加成本、提高价格，降低价格的竞争力，又可能给生产企业的加工带来困难，容易引起客商的索赔；偏低会丧失市场竞争力，又不能在成交时达到合理的卖价。

客户在批核样品过程中要及时跟进，如果客户批复样品时间过长，可能会影响后续大货生产的交货时间，所以跟单员必须与客户有效沟通，及时掌握情况，促使客户及时回复，尽早给出确认意见（Comment），争取获得充足的大货生产时间，保证交货期。

客户确认意见应采用书面的形式，或者采用传真、电子邮件等有记录可查的方式。如果订单货期紧急，可以接受客户通过电话或者口头通知，但是必须请客户补充书面形式的确认意见，即在送样通知单的批核结果栏里填写确认意见并寄回给跟单员。书面回复可以作为跟单和生产的依据，也是大货验货甚至交涉理赔时的依据，跟单员应加以妥善保管。

图 1-12 是某公司客户对产前样(PP Sample)给出修改意见的图文说明，这种形式的反馈有利于跟单员正确完整地理解客户的意见，并能够准确地传达至生产部门，及时安排重新打样。

Li & Fung - Shang Hai
falabella. Sample Sheet

10月22日

Brand:		Delivery:		Description:BOY'S COAT	Photo:
Season:		LI & Fung Contact : JENNIFER			
Style No: OKRC623B		Vendor:			
Size Range: 2-10		Grading code:			
Sample size: 4		Fabric: COTON HERRINGBONE			
Purpose: 1st Fit Samp ☐ 2nd Fit Sample ☐		PP Sample ☑	SHIPPING SAMPLE ☐		

	Measurement (CM) Description	中文尺寸	TOL.	Spec	2013.8.19	LF PPS 08-21	top sample	correction (mavesa)	Grading Rule2-4	4-10		2	3	4	6	8	10
1	FRONT LENGTH (FROM HPS)	前长至肩点	1	47	46.5	46.5			3	3		41	44	47	50	53	56
5B	BUST (2.5CM BELOW ARMHOLE)	胸围腋下2.5CM	1	76	76	76			4	4		68	72	76	80	84	88
54	SWEEP ACCROSS THE EDGE	下摆直量	1	75	76	75			4	4		67	71	75	79	83	87
21	ACROSS FRONT	前胸阔（1/2袖笼）	1	28.5	29	29			1.5	1.5		25.5	27	28.5	30	31.5	33
21	ACROSS BACK	后胸阔（1/2袖笼）	1	30.5	30	30.5			1.5	1.5		27.5	29	30.5	32	33.5	35
9	ACROSS SHOULDER	肩宽	0.5	32	32.5	32.5			1.5	1.5		29	30.5	32	33.5	35	36.5
20	ARMHOLE	袖笼弯量	0.5	38	38	37			1.5	1.5		35	36.5	38	39.5	41	42.5
13	SLEEVE LENGTH	袖长	0.5	36.5	36.5	36.5			2.5	3.5		31.5	34	36.5	40	43.5	47
17	SLEEVE OPENING	袖口	0.5	21	22	22			0.6	0.6		19.8	20.4	21	21.6	22.2	22.8
29E	NECK WIDTH	领宽	1	16	16	15			0.3	0.3		15.4	15.7	16	16.3	16.6	16.9
29FT	FRONT NECK DROP	前领深	1	6	6	7			0.3	0.3		5.4	5.7	6	6.3	6.6	6.9
29BK	BACK NECK DROP	后领深	0.5	2	2	1.5			0	0		2	2	2	2	2	2
15	MUSCLE	袖肥	0.5	32	32	32			1.2	1.2		29.6	30.8	32	33.2	34.4	35.6

Please kindly check the fitting, workmanship, and washing. Thanks.

LF COMMENTS :
1/ 洗水效果请业务确认
2/ 拉链要装到底
3/ 领后挂衣裤未:请改进
4/ 袖笼底车链起皱请看下图
5/ 订钮方式请业务确认
6/ 所有口袋位置要摆正:不得歪斜,左右高低要对称

7/ 所有纽扣请十字交叉锁式线迹连固定牢固
8/ 尺寸请锁准
以上意见请修正后方可生产大货
Tiven 08-21

Buyer's Check Result:

☐ ☐ Approved pending comments ☐ Approved for production

拉链要装到底

fit sample

pp sample

袖笼底车缝起皱
请注意吃势均匀

订钮方式请业务确认

fit sample

pp sample

图 1-12　客户给样品批复意见

打样和确认的过程是一个反复的过程，最终目的是使客户满意，认可所有样品，为下一步的大货生产在时间和质量上打好基础。同客户进行样品的反复确认过程中，跟单员可同时与客户就数量、价格、支付方式、大货交期等一系列交易条件进行沟通，为确认订单节省时间。客户一旦确认样品，跟单员便可及时敦促客户签订正式合同，并及时通知生产部门或合作工厂组织大货生产。

此外，很多公司都有建立样品资料库或样品间的规章制度，即将客户的原样及打出的所有样品，包括被客户拒绝和最后经客户确认的样品放入样品资料库集中统一存放，如图1-13 所示。可以建立资料夹，按客户、订单号、样品编号(色号、版号)进行汇集保管，同时将客户的样品确认书附在每一个订单的样品资料中，以方便查询检索，尤其是客户有追加订单的情况时，可以调出资料，直接进入生产阶段，提高生产效率。样品资料库的建立有多方面的作用。

图 1-13　某公司分类存放的样品

（1）防止样品丢失、损失，达到安全保存的目的。

（2）方便有关人员随时查阅，帮助研发人员研发、改进产品，解决技术问题，提高跟单员的工作效率和准确性。

（3）样品库是外贸企业接单生产实践积累的成果，是企业实力的展现，可以提升企业形象。

（4）建立样品库，当客户追加订单或者下订单时，方便查找以往的生产记录，敦促下单，从而节省时间、提高生产效率，提升企业竞争力。

图1-14是宁波某知名外贸公司样品间的几处剪影，该公司建有三层超大面积的样品间，涉及产品种类高达四千余种，是客户来访时必然参观的区域，为广大客户提供了大量的实物样品参考，对于公司接单及宣传都起到了极大的作用。

图1-14　某外贸企业样品间

二、工作任务实施

两人一组，模拟 Anthony 和 Jenny 进行邮件往来，就 ART.20065 的四个款式进行样品的反复确认，内容要求：

(1) 至少有一款样品未通过，需要重新安排打样；

(2) 沟通至四个款式的成交样全部确认。

【实训考核】

按照两人一组进行评分，评分标准如下：

序号	考核项目	分数
1	分析客户原样是否正确、完整	20
2	打样通知单填制正确与否，错填、漏填扣分	20
3	沟通样品的往来邮件，按实训要求内容不完整扣分，太过简单扣分，样品编号混乱扣分	20
4	外贸函电书写是否规范，专业英语掌握情况	20
5	团队协作情况	20
	合　计	100

知 识 拓 展

今天你 C.C. 了吗？

在外贸日常工作中，跟单员需要与客户、工厂、公司内各个部门进行大量频繁的信息交流，其中函电是最常见的沟通方式。一笔业务、一个订单或者一项工作任务往往会涉及很多的当事人，需要跟单员将很多的信息在相关人之间进行协调共享，这时就会用到"抄送"与"密送"两个简单的操作。

抄送即 Carbon Copy to，可简称为 C.C.，就是你给某人发送邮件时，同时将这封邮件发送给其他更多人。我们只需将相关人的 E-mail 地址填入抄送栏内，各地址之间用逗号或分号隔开，再将邮件发出即可，无须给每个人分别发送。所有在收件栏和抄送栏内的人都会收到该封邮件(以及附件)，每个收到邮件的人都可以随时回复这封邮件。如果说收件人就是我们希望对方回复的人，那么抄送的人则大多是间接相关人员，并不要求对方回复，但希望对方知道、了解此邮件的内容。

例如在外贸跟单环节，我们与客户往来邮件进行磋商，通常都要抄送给我们的外销员(业务员)、同组的跟单员(或助理)，甚至是部门经理，让各位都知道交易磋商进展到哪一步，都能收到磋商的重要信息，也能够在关键环节提出反对或确认的意见，如图 1-15 所示。与工厂的对接过程中，往往也需要把邮件的主题内容抄送给业务员、研发人员、验货人员、单证部同事等，这样就可以让与订单生产及出货相关的所有人都知晓有关信息，并提出各自的意见；也可以在出现特殊状况的时候，有相关人及时发现并共同协商解决。此外，对新人来说，处理一些事务时，最好把邮件抄送给自己的直接领导，可以表明对领导的尊重，也有主动接受领导监督的意思。

----- Original Message -----
From: Yang Ju Yun /Sunrise/PPC
To: virginia yu ;
Cc: Billy Yu /Sunrise&YK/Trade ; Qiu Jing /Sunrise/Trade ; Zhang Tao Yuan /Sunrise/PPC ; ronald_cheng ; Anthony Chan
Sent: Friday, March 17, 2016 9:50 AM
Subject: 答复: sunrise-Micro profuomo 4

Dear Virginia ;
Noted, wl arrange at once .
For the contract, pls kindly find enclosed e-mail, thanks !

Best Regards!
Julia Yang

图 1-15 函电截图

密送又称"暗送"，即 Blind Carbon Copy to，可简称为 B.C.C.。密送和抄送的唯一区别就是各个收件人无法查看到这封邮件同时还发送给了哪些人，可以避免一些职场上的尴尬，也可以有效保护各个收件人的地址不被其他人轻易获得。

实训项目二

订 单 审 核

订单审核

【实训目标】

了解进出口贸易的基础知识，能够完成各种不同形式外销合同的审核及拟订工作，并做好合同相关文件的分类、归档等常规工作。

【实训要求】

掌握进出口交易磋商方面的基础知识，掌握各种合同(订单)条款的表达方式，能够对客户拟定的合同进行全面的审核，能够根据磋商确定的产品交易信息独立制定一份外贸合同，能够对以往及当前的所有订单相关业务资料进行统计、分类、归档等操作。要求学生具备熟练地操作日常办公软件的能力、严谨细致的工作态度及良好的沟通技巧。

【实训项目】

随着样品确认工作的完成，Anthony 向 Slann 公司发出了第一张订单，Jenny 对订单进行全面细致的审核，并完成正式合同的签订工作，为后续双方进一步的合作打下良好的基础。对于新客户 TAA 公司，Jenny 也要按照以往的操作惯例进行合同相关资料的分类、归档工作。

工作任务一　审核订单条款

【任务描述】

Jenny 对 Anthony 发来的第一份订单进行详细审核,并建议双方就初次交易签订一份正式的合同。

一、知识要点回顾

经过交易磋商,当事人一方提出的发盘,经对方有效接受,合同即告成立。双方在磋商过程中的往返函电,就是合同的书面证明。但是在国际贸易中,一般还要用书面形式的合同或成交确认书将贸易双方的权利、义务及各项交易条件明文规定下来,便于监督执行。按照国际惯例,货物买卖合同没有特定的形式限制,但我国涉外经济合同法规定,合同应当采用书面形式。书面合同是合同成立的证明和交易履行的依据。

国际货物买卖合同的形式及使用名称没有特定限制,只要双方当事人同意,既可采用正式的合同(Contract)、确认书(Confirmation),也可采用订单(Order)、形式发票(Proforma Invoice,PI)、协议(Agreement)、备忘录(Memorandum)等形式。

通常确认书的内容比较简单,一般只包括主要的交易条件,如品名、质量、价格、包装、交货、支付等条款。合同的内容比较详细,除了交易的主要条件外,还有保险、商品检验、索赔、不可抗力、仲裁条件等。在进出口交易中比较常见的是,由进口方外商首先拟定的贸易合同称为 PO(Purchase Order,采购订单),由出口商首先拟定的称为 SC(Sale Confirmation,销售确认书)。虽然拟定人不同,但是贸易合同的效用是等同的。

对于客户拟定的订单,跟单员首先应严格审单,确认产品的名称、规格、数量、单价、金额、交期、交货方式、包装要求等,既要与双方之前交易磋商过程中确定的信息一致,又要符合合同条款的订立要求。审单主要从以下几个方面进行审核。

(一) 品质条款的审核

品名应使用国际通用名称,如苹果酒国际上通用 cidre,故不要用 apple wine。如果进口商要求改变品名以逃避关税或商检,不应予以支持。商品描述必须明确、具体,有些出口商不重视品名的具体化,也没有品牌意识,该注明品牌的不注,甚至仿古制品也省略仿制二字,极易造成争议。

品名可加入具体的品种、等级或型号的概括性描述,如"Sewing Machines, Model NKBI-1""Fresh Egg, Grade A:50-55gm per egg""Bed Sheets, 200x230cm, White""Philips Brand Vacuum Flask"。

具体审核品质条款时应注意：

(1) 不要出现"about"(大约)、"approximate"(左右)、"reasonable allowance"(合理误差)等模糊语。

(2) 切勿将品质定得过高，超出自身的履约能力。

(3) 凭样品买卖时，给出样品的编号，必要时列出样品寄送的日期。尽量确认多个样品，显示可接受的品质偏差范围。最好规定"品质与样品大致相同"。如果样品仅供对方参考品质，应注明"Sample only for reference"。

(4) 凭文字说明买卖时，应明确规定商品的品名、规格、等级、标准、品牌以及产地等内容。凭说明书和图样表示商品品质时，应列出说明书和图样的名称、份数等内容。

(5) 尽量规定品质机动幅度(Quality Latitude)或品质公差(Quality Tolerance)，给出幅度的上下限或公差的允许值。规定买方无权拒收未超出机动幅度或品质公差范围的货物，也不得要求调整价格。对于品质低于规定的情况也应给出具体的减价方案。

(6) 品质标准的约定要明确国家和版本，不得低于法定商检规定的标准。

(7) 尽量不要使用多重标准。注意各品质指标之间的内在联系和相互关系。给出各指标的检验方法，防止外商设定某一过高指标或利用不同的检验方法得出不同的品质指标进行诈骗。

(二) 数量条款的审核

数量条款要求准确、具体，不应出现不同的计量单位。使用具体单位时应注意度量衡制度，很多欧美国家与我国日常使用的单位不一样，例如表示长度，我们习惯用"米"(meter)，而有的客户习惯用"码"(yard)，二者是有差异的(1 码约等于 0.9144 米)，订单数量较大时，如不注意会给当事人一方造成较大的损失。

重量应明确是毛重、净重、理论重量，还是公量等。如果货物受本身的特性、包装、运输以及计量工具的限制，难以精确达到合同规定的数量，如大宗散装货物，或因生产工艺导致数量无法精确计算时，可采用溢短装条款(More or Less Clause)，如"The seller has the option of shipping 3% more or less on contracted quantity"。设立溢短装条款时应注意：

(1) 机动幅度大小适当。幅度过大可能带来损失，幅度过小可能增加实际操作的难度。

(2) 机动幅度的选择权要合理。机动幅度一般由卖方确定，例如采用海洋运输时，交货数量与载货船舶的舱容关系密切，因此最好由安排货物运输的一方掌握。

(3) 溢短装数量的计价方法可以按合同价(Contract Price)或装运时的市场价计算(Market price at the time of shipment)。

(三) 价格条款的审核

如果双方之前磋商表示采用非固定价格条款，应明确作价标准和作价时间，减少合同的不稳定因素。例如，合同规定在装船后若干天，甚至在船到目的地后始行作价，这类做法对卖方而言风险较大，应避免使用。

计量单位、计价货币必须书写清楚。计量单位要与数量条款表达一致，计价货币英文及货币代码不要搞错，常见的货币英文及代码如表 2-1 所示。

表 2-1　常见的计价货币英文缩写

货币	代码	英　文　全　称	货币	代码	英　文　全　称
美元	USD	U.S. Dollar	欧元	EUR	EURO
港元	HKD	Hong Kong Dollar	加元	CAD	Canadian Dollar
新台币	TWD	New Taiwan Dollar	新加坡元	SGD	Singapore Dollar
澳元	AUD	Australia Dollar	瑞士法郎	CHF	Cwiss Franc
巴西雷亚尔	BRL	Brazil Real	英镑	GBP	Great Britain Pound
日元	JPY	Japanese Yen	俄罗斯卢布	RUB	Russia Ruble

国际货物贸易合同中，价格术语决定了买卖双方的责权和风险的划分。其选择除了尽量满足客户要求外，也要做到：

(1) 选用的价格术语应该正确。比如从中国出口到南非 Johannesburg，海运只是从上海到 DURBAN(南非的港口)，另外还需经过陆运从 Durban 到 Johannesburg，因此应该采用能适用于多式联运方式的 CPT(Carriage paid to ...，付运费至…)或 CIP(Carriage and insurance paid to ...，运费、保险费付至…)，而不是 CFR(Cost and freight，成本加运费)或 CIF(Cost、insurance and freight，成本加保险费、运费)条款。

(2) 价格术语中应该涵括其所包含的各项费用。

(3) 一旦约定了价格术语，合同的其他条款就不要设置增加和减少义务的规定。

(4) 就货物的控制权而言，建议进口商选择 FOB(Free on board，装运港船上交货)条件，出口商多用 CIF 或 CFR 条件。在 CIF 卖方条件下，卖方能避免外商与船公司或货代串谋实施欺诈。只要卖方保证所交运货物符合合同规定，且所交的单据齐全、正确，货物越过船舷后，即使货物遭受损坏或丢失，进口商也不得因货损拒付货款。CIF 条件下，卖方应注意不宜以内陆城市为目的港。目的港可能重名的，要标明港口所属国家，同一国家内同名港口要明确港口的位置。

(四) 装运条款的审核

(1) 装运期限不宜太紧，不宜确定特定的日期，也不能与信用证结汇期离得太近，否则履约困难，还有收不到汇的风险。最好规定信用证结汇期延至装运后若干天到期。不要接受货物在短期内分若干批出运的条款，以免找不到适当或足够的船舶，影响货物出运；更不要列出卖方不能控制的保证到达的时间。

(2) 出口装运港口尽量选择我国港口，约定几个港口以便灵活处理。

(3) 出口目的港应是可以安全停靠的和我国政府允许停靠的港口。明确目的港发生的费用由哪一方承担。目的港没有直达船或虽有直达船但没有固定船期、航班较少的港口，必须订明"允许转船"，以利装运。某些数量较大的商品或需要运往条件比较差的港口时，应在合同中订明"允许转船及分批装运"的条款。凡是"允许转船"的货物，不接受买方指定中转港、二程船公司和船名的条件，也不接受在提单中注明中转港和二程船名的条件。

(4) 为防止欺诈，对于信用证中要求的特殊装运条款，如买方指定装某国籍船、某班轮公司船及限制船型、船级或航线，以及指定装卸码头、仓库等条款，一般不予接受。对于买方要求指定装船部位的条款，也要具体分析。

(5) 由对方派船的运输条款，卖方应在合同规定的交货期前 30 天，向买方发出准备装船的通知。买方应在卖方发出通知之日起 20 天内，将装货船只的船舶规范和预计到港日期等通知卖方和装运港的船务代理公司。

(五) 支付条款的审核

支付条款通常包括：

(1) 支付货币币种；

(2) 支付金额；

(3) 支付方式、时间和地点；

(4) 卖方为取得货款应提供的单证等。

支付金额通常就是合同规定的总金额。特殊交易条件下，如分批交货，规定有品质增减价条款、数量溢短装条款、非固定作价方法或订有保值条款时，支付金额应进行确定。同时，可以在合同中列明货款按发票金额支付，附加费用另行结算。

外贸业务中主要的支付方式有电汇(T/T)、托收(Documentary Collection)和信用证(L/C)方式。使用电汇时，出口商应争取"前 T/T"，即买方"预付货款"后，卖方在规定的时间内发出货物；进口商应争取"后 T/T"，即"货到付款"。电汇方式总是利于合同的一方，因此为了平衡双方的利益，出口商可以要求先付部分订金，再货到付余款；或者也可以用分批装运、分批收汇的方式规避风险。但务必要注意，应在合同中明确注明订金、余款、各批次款项的具体支付时间或期限，以及与发货时间的相互制约关系，以便约束客户及时付款，同时免除因未收到约定款项而延迟发货的责任，例如"The seller will not delivery the goods until receive the 20% deposit."。

托收中，出口商以控制"货权"的单据来控制货物。托收银行以进口商的"付款"或"承兑"为先决条件交付代表"货物"的单据。我们也可以通过合同规定降低风险：

(1) 尽可能做"D/P"(付款交单)，不做或者少做"D/A"(承兑交单)；

(2) 要求对方预付一定数额的订金。

信用证的约定应尽量要求从规模大的、信誉较好的银行开证。尽量要求以即期不可撤销信用证支付，防止对方利用远期信用证欺诈。为了争取充分的时间审证、改证和备货，合同中最好订明 L/C 须于装运前若干天到达卖方。另外，要警惕在合同的品质、转运、商检、支付等各条款中出现某些信用证软条款内容，诸如转运限制条款(规定公司船名、目的港、起运港、装船须开证申请人通知等)，限制性单据条款(如品质证书或收货收据由开证申请人出具、货到检验合格后才付款)等。

(六) 包装条款的审核

包装条款主要包括商品包装的方式、材料、费用和文字说明等内容。要审查客户的包装要求是否能够满足，客户提供的包装资料是否齐全，是否有明显错误。

(1) 包装条款不宜过于简单，不要出现含糊的文字，如习惯包装(Customary Packing)、适合海运包装(Seaworthy Packing)等。

(2) 明确描述包装材料和方式，比如既要注明大包装的规格、材料，也要明确大包装内单位包装的材料和规格。包装材料及衬垫应符合进口国的规定。

(3) 特殊包装要求应弄清原因，防止合同执行出错。客户提出的包装方式，如不足以保护货物，应该据理力争。即使合同已经签署，也可以利用增补条款修改包装规定，以及明确费用由哪一方承担。

(4) 如运输标志和包装材料由买方提供，合同中应约定期限和逾期不到时买方承担的责任。

(5) 内外包装的文字说明由买方提供的，须符合我国的法律和外交政策，该内容需经卖方同意。

(6) 定牌中性包装不得侵犯知识产权。

二、工作任务实施

根据以下买卖双方交易磋商的往来邮件内容，审核客户发来的简易 PO(采购订单)，如图 2-1 所示。其重点包括：① 品质条款；② 数量条款；③ 价格条款；④ 支付条款；⑤ 装运条款；⑥ 其他需要补充的条款。然后将审核的结果以邮件形式发给客户，并与客户沟通建议签订正式合同。

发件人：Anthony [mail to:anthony@taa-mosgen.com.hk]

发送时间：2012-12-15

收件人：Jenny

抄送：Billy

主题：New order of ART.20065

Dear Jenny,

We have received new sample HL05-81986A of ART.20065 design White/blue stripe, after checking we confirmed okay. And now for total 4 designs, we have got all the confirmed sample, so we will put the first trial order as following:

Blue check	HL05-81982A	1600 yds
London stripe	HL05-81984A	1600 yds

Blue/white stripe　　HL05-81983A　　　1200 yds

White/blue stripe　　HL05-81986A　　　1200 yds

Pls kindly advise the lead time and quote the price in CIF(Hong Kong) by return.

Regards,

Anthony

发件人：Jenny [mail to:jenny@slann.com.cn]

发送时间：2012-12-15

收件人：Anthony

抄送：Billy

主题：New order of ART.20065

Dear Anthony,

Tks for your confirmation of our sample.

For shipment, We usually need 45 days after getting the approval of sample.

The price will be USD 3.20/yd CIF (HK), we'll surcharge 250USD/design if the qty is less than 2000 yds. pls kindly confirm by return.

Regards,

Jenny

发件人：Anthony [mail to:anthony@taa-mosgen.com.hk]

发送时间：2012-12-16

收件人：Jenny

抄送：Billy

主题：New order of ART.20065

Dear Jenny,

We accept your lead time and price.

Our payment condition with international suppliers is Bank transfer 90 days from the invoice date. I do not know if you agree with that. Tell me your payment conditions to find an agreement for both of us.

Best regards,

Anthony

发件人：Jenny [mail to:jenny@slann.com.cn]

发送时间：2012-12-16

收件人：Anthony

抄送：Billy

主题：New order of ART.20065

Dear Anthony,

Regarding the payment conditions, what we usually deal with is 30% T/T in advance and 70% when the goods are ready.

Regards,

Jenny

发件人：Anthony [mail to:anthony@taa-mosgen.com.hk]

发送时间：2012-12-16

收件人：Jenny

抄送：Billy

主题：New order of ART.20065

Dear Jenny,

I have just talked with our General Manager and he told me that as a first deal with you, we accept a 10% via Bank Transfer in advance, but the rest of the payment will be through bank document credit. Waiting for your reply.

Best regards,

Anthony

发件人：Jenny [mail to:jenny@slann.com.cn]

发送时间：2012-12-17

收件人：Anthony

抄送：Billy

主题：New order of ART.20065

Dear Anthony,

We accept your conditions "10% via Bank Transfer in advance, but the rest of the payment will be through bank document credit." As our company's rules, we need an irrevocable L/C payable at sight. And the bulk order can not be arranged until receive your 10% deposit.

Pls confirm by return.

Regards,

Jenny

发件人：Anthony [mail to:anthony@taa-mosgen.com.hk]

发送时间：2012-12-17

收件人：Jenny

抄送：Billy

主题：New order of ART.20065

Dear Jenny,

We will pay 10% by T/T within 3 days after signing the contract, and we accept your requirement of L/C.

Best regards,

Anthony

发件人：Jenny [mail to:jenny@slann.com.cn]

发送时间：2012-12-17

收件人：Anthony

抄送：Billy

主题：New order of ART.20065

Dear Anthony,

Tks a lot for your understanding!

We hope you can confirm the order asap so that we can arrange the bulk production.

Regards,

Jenny

发件人：Anthony [mail to:anthony@taa-mosgen.com.hk]

发送时间：2012-12-18

收件人：Jenny

抄送：Billy

主题：New order of ART.20065

Dear Jenny,

Here attach the PO for your check, pls sign back if it's ok.

Any question pls feel free to contact me.

Best regards,

Anthony

TAA AIBANUS CO., LTD.

1501-1502 Tung Ying building, 100Nathan Road,Kowloon, Hong Kong

TEL:(852)2721 7942　　　FAX:(852)2369 0997

PURCHASE　ORDER

To:Slann Trade co.,ltd

　nignbo,china

　Contact:Anthony

PO NO.: TAA051218

DATE: OCT.18, 2005

CIF HONGKONG

NO.	DESCRIPTION	DESIGN	CONSTRUCTION	QUANTITY (YDS)	UNIT PRICE (USD/YDS)	AMOUNT (USD)
1	100% COTTON	Blue check	144x86 50x50	1600	3.20	5120
2	Y.D.FABRIC	London stripe	144x86 50x50	1600	3.20	5120
3	ART.NO20065	Blue/white stripe	144x86 50x50	1200	3.20	3840
4	L.A.FINISHING D.P.RATING 3.5	White/blue stripe	144x86 50x50	1200	3.20	3840
			TOTAL	5600		17920

TOTAL VALUE:SAY U.S DOLLAR SEVENTY THOUSAND NINE HUNDRED AND TWENTY ONLY.

SHIPMENT DATE: FEB.1,2006

PAYMENT:10%T/T IN ADVANCE.　90% BY LC

BUYER'S SIGNATURE　　　　　　　　SELLER'S SIGNATURE

　Anthony

图 2-1　TAA 客户 PO

发件人：Jenny [mail to:jenny@slann.com.cn]

发送时间：2012-12-18

收件人：Anthony

抄送：Billy

主题：New order of ART.20065

Dear Anthony,

Tks for your order!

After checking the PO, we find that _____

_____

_____

Regards,

Jenny

工作任务二 拟定外销合同

【任务描述】

由于与 TAA 公司是第一次合作，Jenny 向 Anthony 提出建议，双方签订一份包含完整条款的正式合同，为日后合作提供依据，后续订单则可以使用简易形式的合同。

一、知识要点回顾

进出口贸易中涉及的交易条件非常多，而对于固定的买卖双方，往往在初次交易时会谨慎选择一些交易条件进行磋商，一旦确认了便在日后的合作中都以此为依据不再改变，例如索赔条款、仲裁条款、不可抗力条款等。

通常买卖双方可在初次交易或前几次交易中选择订立完整的正式合同，将有关的交易条件尽数体现，而在后续的合作中，可以选择简易的订单形式，包含一些最主要的交易条件，如品质条款、数量单价条款、支付及交货条款等即可。不但可以节省磋商和拟订合同的时间，也会大大简化交易流程。作为跟单员，要明确完整的合同及简易订单的主要形式和内容，根据客户的特点和实际操作的需要选择使用。

正式的贸易合同由约首、正文和约尾三部分内容组成。

（一）约首

约首是合同的首部，包括合同的名称、合同编号、订约日期和地点、买卖双方的名称和地址及联系方式等内容。

（二）正文

正文是合同的主体，包括各项交易条件。

在正文部分，除了前面介绍的几个主要交易条款外，还包括以下条款内容。

1. 保险条款(Insurance Clause)

保险条款规定了哪一方承担保险责任，应投保的险别及投保的加成率等内容。CIF 条件下，如果合同无明示，卖方可按保险条款中最低责任的险别投保，节省保险费用，但这种最低责任险不足以保障买方利益，因此合同中应明示投保的险别。投保加成率一般不超过 30%，超出此范围的，应该慎重。

实际操作中，如果我国进口企业只是通过将国外客户的装运通知送交保险公司办理投保手续的，应规定对方的装运通知时间，防止因通知延误造成投保前货损得不到应有赔偿。

2. 商检条款(Inspection Clause)

商检条款关系到合同的履行、索赔、诉讼等诸多法律问题。合同中如缺少商检的规定或仅提及进口商有复验权但不做具体规定，极易造成被动。

(1) 卖方应该争取对自己有利的、以离岸品质和重量为准的商检条款，而买方应该争取以到岸品质和重量为准的商检条款。为平衡双方的利益，可以以装运港的检验证书作为议付货款的依据，买方保留货到目的港后复验并根据复验结果索赔的权利。

(2) 为防止一方与商检机构串通实施欺诈，应规定无论是运前检验还是到货检验都应由双方认可的商检机构来检验，且约定该检验机构的报告作为索赔的证据。我国企业应争取我国的检验检疫机构来商检。近年来，我国进口商品检验报出了或多或少的品质和短量问题，由于合同中没有规定以 CIQ 检验证书为最终结算依据，致使许多企业遭受了损失。

(3) 商检的期限一般就是品质、数量索赔的期限。应该规定买方必须于货物到达目的港后或在目的港卸货后若干天内(如 60 天内)进行检验。这个期限对于出口商来说越短越好，对进口商来说则希望能够延长。对于那些无法从外观上判断性能的设备一定要规定合理的期限以便进口商有足够的时间发现问题。

(4) 商检的标准要明确国家和版本，有些还要说明检验方法。应向出入境检验检疫机构、行业相关专家咨询，把握标准的有效性和商检规定是否符合国家的强制性规定。

(5) 防止商检条款中出现卖方难以控制的信用证商检软条款内容，如要求装运前由开证申请人或其指定人检验，或要求开证申请人或其指定人在检验证书上签字且要求签字与银行留存签字样本一致，甚至要求我方检验证书要由进口国领事馆认证等。

3. 索赔条款(Claim Clause)

索赔条款主要针对货物品质、数量或包装与合同的不符点以及当事人不按期履约的责任而订立。

(1) 索赔时需提供双方认可的出证机构出具的文件。

(2) 规定索赔期限，包括索赔有效期和质量保证期。很多国际贸易欺诈通常在索赔时间上设陷阱，使得买方空有索赔条款而无实际索赔时间或者超过索赔期限而不能实际索赔。因此，不同的商品应根据产品性质、运输方式、检验条件等作出不同规定，如把索赔有效期定为卸货后 30～180 天。对机电等难以从外观发现问题的产品应在合同中加订品质保证期(一般为 1 年或 1 年半)，以便在使用过程中发现材质、装配、工艺、性能等方面的隐蔽问题。品质保证期的起始日期最好订为"从买方验收启用之日起计算"或"安装调试完毕之日起计算"。

(3) 明确估损办法和赔偿金额。例如规定所有退货、更换部件或索赔引起的一切费用(包括检验费)及损失均由卖方负担等，并规定一个最高赔偿金额。

(4) 卖方延期交货时，可根据延误时间长短约定赔偿的金额，同时规定最高罚款金额。与英、美、澳、新等英美法系国家进行贸易时，应注意约定的罚金的合法性，因为他们只承认损害赔偿，不承认带有惩罚性的罚金。

4. 仲裁条款(Arbitration Clause)

仲裁对国际贸易争议的解决有着非常重要的作用。合同中没有仲裁条款，仲裁机构就不能受理，仲裁规定不明确常导致仲裁条款失效。仲裁条款的约定应减少费用支出，方便仲裁程序进行，且利于仲裁裁决的执行。

起草该条款时，应明确规定在何国仲裁、仲裁机构、仲裁规则等方面的内容。我国企业应争取国内或香港的仲裁机构，如果外方提出到国外的仲裁机构仲裁，一定要考察其仲裁费用并咨询相关专家再做决定。当事人选择适用的法律时，应当是明示的且与合同有一定的联系。出口商选择自己本国的法律或其他熟知的法律能避免不同国家法律对损害赔偿责任的巨大差距。目前，外商利用企业在仲裁所在地和适用法律上无所谓的态度进行涉外仲裁行骗的案件屡见不鲜。

5. 不可抗力条款(Force Majeure Clause)

不可抗力条款最好采用概括式和列举式相结合的方式自行约定不可抗力的范围，既明确，又有一定灵活性。为防止争议发生，不可抗力条款中应明确规定提交何种证明文件、具体的通知和提交证明文件的期限与方式。

6. 其他条款

买卖双方之间的一些特殊要求和规定，例如不同阶段样品的提交确认事宜(包括数量、时间要求等)、测试报告的要求、佣金结算的方式、可能产生的附加费等，同样需要在合同中明确体现。

(三) 约尾

约尾是合同的结尾部分，包括合同适用的法律和惯例、合同的有效期、合同的有效份数、合同使用的文字及其效力、双方代表的签字等内容。

二、工作任务实施

两人一组，模拟 Anthony 和 Jenny 就双方签订正式合同一事进行沟通，并拟定 TAA 公司与 Slann 公司之间的正式合同。内容上可参考以下附加信息：

(1) 卖方应于出货前一星期寄送 4 码船样(Shipping Sample)到买方香港办公室进行确认，买方确认之前不得出货；

(2) 由买方 TAA 公司提供测试标准，卖方有义务在出货前提供面料商品常规测试报告(Test Report)；

(3) 双方协商一致采用±3%溢短装条款；

(4) 买方必须于装运日期前一星期向卖方提供准确唛头；

(5) 买方不允许分批装运，如果卖方延期交货在 10 天内，买方将收取迟交部分货物金额的 10%作为罚金，超过 10 天或以上的，买方有权决定是否取消合同，并收取迟交部分货物金额的 20%作为罚金，卖方不得有异议；

(6) 双方协商采取仲裁方式解决一切有关合同的争议。

【实训考核】

按照两人小组进行评分，评分标准如下：

序号	考 核 项 目	分数
1	审核客户采购订单，是否找出主要问题	20
2	与客户沟通审单结果的邮件书写情况，意见表达是否清楚、完整	10
3	往来邮件书写情况，要求的几个事项是否清楚表达	20
4	正式合同拟定是否正确、完整	20
5	专业词组掌握情况，函电用语及合同用语区分	10
6	团队协作情况	20
	合　计	100

知 识 拓 展

资料的整理与归档

作为跟单员，要同时服务很多客户，同时操作的订单可能有许多张，不同的订单都处在不同的阶段，有的可能在前期打样阶段，有的可能正在进行价格、交期等的磋商，有的可能正在工厂或生产部门进行大货生产，有的可能在进行出货前的验货检验，有的已经在海上运输途中，也有的已经顺利出货可以交单结汇了，总之跟单员同一时间要处理的事情非常繁杂，能否有条理地将手头所有资料进行分类归档，往往会对跟单员的工作效率产生很大的影响。

另一方面，在订单履行过程中，客户、业务员或相关部门等可能随时会查询和调用一些资料，需要跟单员配合进行查找或统计。例如，某张订单产品的销量不错，客户提出要翻单(Repeat Order)，这时如果能快速找到之前的订单资料，就会大大节省与客户磋商的时间，也会缩短技术或生产部门对产品生产工艺安排方面的环节。

外贸企业通常都有自己的档案室或者几个大的档案柜，存放着大量以往的订单资料，如图2-2所示。

图2-2　某外贸公司档案柜

想要在需要的时候快速查找到特定的资料，要求在平时的资料分类、归档、保存方面就做足工作，这也是跟单员日常工作中绝对不能忽视的内容，可从以下几个方面着手。

1. 正确理解订单资料

除外销合同外，客户来样说明、各种生产工艺单、测试报告、原辅料采购单等资料统称为订单资料。订单资料是订单生产的唯一依据，但订单资料的种类繁多、内容纷杂，只有完整、准确的订单资料，才能确保订单保质按量及时完成。所以，跟单员必须将签订合同前后接收到的所有订单资料进行分类整理、重新编制、发放到位和归档管理，为订单生产、交易提供清晰的指引。

从来源上划分，订单资料有从客户处来的外来资料和从供应、生产等部门来的内部资料；从作用上划分，订单资料有报价、样板等用于订单确认的资料，有物料、款式等用于订单生产的资料，有船期、货运等用于订单交易的资料。跟单员接到跟单任务后，必须敦促客户或相关部门尽快提供有关资料，尽量详细、完整地收集有关订单生产的所有资料，并加以审核、整理。订单资料可简单分类如下：

(1) 样品类资料：客户来样、我方回样、中途各确认样、最终成交样、产前样、船样、特定产品涉及的款式样、颜色样、手感样等；

(2) 生产类资料：客户提供的各种工艺单、加工说明等；

(3) 订单类资料：外销合同、销售合同、采购订单、生产订单、大货通知单等；

(4) 商品检验类资料：各种验货报告、单项或全套测试报告、第三方检验报告等；

(5) 单证类资料：信用证全套资料(包括通知书，修改件等)、全套议付单据(副本)等。

2. 正确处理文件资料

通常外贸企业都是将文件资料存放在档案夹里，跟单员可按不同方式进行分类存放，如按客户分类、按时间顺序排列、按订单编号排列、按产品类别分类、按供应商分类、按外包加工厂分类等等，也可以同时使用几种方式，结合有关编号的先后排序重叠进行分类存放。

需要注意的是文件夹的标签问题，应尽量明确表示文件夹里资料的类别及覆盖范围，便于日后查询。例如"TAA 客户 2013 年 1～3 月订单，编号 1301～1340"。此外，由于某些订单履行时间较长，到后期可能会将前面沟通的一些事项淡忘了，可以把一些重要的往来函电打印出来与相关文件放在一起保存，以便日后查询起来有据可循。例如，合同中的交期由于某种原因发生改变，可以把同客户沟通的邮件打印出特定某页，以附件形式附在合同后面，日后履行过程中如果出现异议，便可及时拿出来作为依据，避免由于双方的疏忽造成误解和麻烦。类似的情况还有，领导给某客户订单特殊的折扣了，客户亲口确认不需批复船样即可出货了，大货的质量出现一点问题但最终被客户接受了等等，跟单员可将当时沟通的邮件内容(包含相关决策人、结论、时间等信息)打印出来存档，日后被问及该事项时便可轻松免除自己的责任。

3. 正确处理电子文档

跟单员应养成良好的工作习惯，收到客户提供的资料，无论多少，均应及时输入电子文档系统中，包括客户名称、产品、地址等，输入资料库，以便随时查阅，方便文档管理、下载分发资料和查档等工作的开展。

很多重要的纸质文件、传真文件等，最好扫描成电子文档与纸质文档同时保存，包括上面提到的六大类订单资料，应同时在电脑中有电子版备份，不仅可以省去到档案室文件夹中查找的麻烦，也可以避免突发事故造成的纸质版资料损毁等严重后果。这就要求跟单员在文件夹的建立、电子文档的分类和命名方面多用心。事实上与纸质文件版存档的方式大同小异，建议在文件的命名方面尽量详细，体现一些特殊编号等，以便利用 Windows 操作系统自带的搜索功能进行查询。

此外，作为重要的佐证资料，邮箱中的所有邮件应当进行分类保存。跟单员要注意，自己接收或发送的任何邮件都不应随意删除，在邮箱容量允许的情况下，可根据客户、年份、特定主题等分类方式建立文件夹，将邮件拖进所属文件夹中，便于日后查找。

实训项目三

大 货 跟 单

【实训目标】

了解供应商选择方面的基础知识，能够根据不同客户及不同产品生产的要求明确对供应商的选择标准，能够完成产品或辅料供应商的选择和确定。能够正确下达大货生产订单，明确大货生产要求，完成订单生产过程中进度及质量的全程跟踪，能够协调生产及有关部门落实好生产，能够在生产发生异常时与客户进行良好有效的沟通。掌握外包跟单中的相关事项和要求。

【实训要求】

了解生产管理基础知识，了解各类国际标准体系认证和产品质量认证知识，能够根据公司自身的特点、客户的不同要求及产品的情况寻找适合的供应商。掌握产品方面的基础知识，生产管理基础知识，生产订单相关条款的订立要求，质量监控基础知识。能够将外贸订单转换成生产订单并落实下去，能够根据订单质量和交期要求进行跟踪，能够与工厂、生产部门以及客户沟通有关订单生产进度及质量的问题，能够处理一般的生产异常状况，必要时能够进行外包跟单。同时要求学生具有团队协作精神、严谨的工作态度、处理突发事件的能力及良好的沟通技巧。

【实训项目】

近期 Slann 公司接到了许多订单，为了弥补自身工厂生产能力的不足，保证各订单都能保质保量按时交货，Jenny 带领她的团队通过各种渠道寻找供应商并进行比较分析，确定优质的供应商后落实几张大货生产订单，明确大货生产的要求。同时手头的几个新客户的订单，在大货生产过程中分别出现了拖延交期的征兆以及产品质量问题，Jenny 需要做好工厂生产部门与客户间的沟通工作，以争取客户的谅解，采取补救措施，确保顺利出货。

工作任务一　选择供应商

子任务一　明确客户要求

供应商选择

【任务描述】

收到客户来函提及对产品供应商的几项要求，Jenny 仔细分析客户邮件，并归纳重点事项，为后续寻找供应商做准备。

一、知识要点回顾

外贸公司帮助客户寻找供应商时，首先应当明确客户对供应商的各项要求。质量、交期是客户针对具体订单的基本要求，如果想把供应商发展成一个可能长期合作的伙伴，客户往往对工厂本身的一些客观条件和管理情况也有着严格的要求。这就要求跟单员在前期必须认真、细致、深入地了解客户提出的每项要求，尤其是对当前广泛使用的各类国际标准体系认证和产品质量认证等方面的要求。

质量体系认证是认证机构经过对企业质量体系的检查和确认，证明企业质量保证能力符合相应要求的活动。目前，国际体系认证主要有 ISO9001 质量管理体系认证、ISO14000 环境管理体系认证、SA8000 社会责任管理系统认证及 OHSAS18000 职业安全卫生管理体系认证，如图 3-1 所示。

图 3-1　各类标准认证图标

　　以下是一个欧美知名客户提出的在全球范围内选择供应商的要求，主要是涉及 SA8000 标准的一些内容，其宗旨是确保供应商所提供的产品，符合社会责任标准的要求，翻译过来供读者参考。

　　"我们的所有业务伙伴必须遵守所在国家劳动和社会福利的所有法律法规的最低要求。最低要求是以《国际劳工组织公约》和联合国《世界人权宣言》为依据，它们代表对雇员基层权力的保障和推广的最低而非最高限度。

　　我们不会与雇佣童工(在雇佣之日未满 15 周岁及未完成义务教育)或试图雇佣童工的商业伙伴建立或继续合作关系。

　　……

　　我们不会容忍强迫劳动，我们的商业伙伴不得采用任何方式或形式雇佣受强迫的劳动者、契约佣仆或奴隶，尤其禁止使用监狱劳工生产的产品。

　　供应商应当给雇员提供一个安全卫生的工作环境，并鼓励雇员接受职业相关的健康检查和职业训练以加强职业安全意识，从而减少工作场所的事故和伤害，尤其是生产设备操作方面。

　　供应商必须遵守国际法律制定的工时规定。如果国家法律未对工时作出规定，或者规定工时并没有《国际劳工组织公约》中的规定严格，则每周正常工作时间不得超过 48 小时，并且每周包括法律许可的加班工时后的总工时不得超过 60 小时。

　　……

　　供应商应尽可能顾及和考虑雇员的宗教习俗。"

　　在当前非关税壁垒盛行的国际贸易大环境中，质量管理与职业健康安全问题及环境问题一样，日益受到世界各国的普遍关注。许多国家以此为借口，对他国的产品、活动或服务采取单方面的进口限制，因而采用各类国际标准体系认证有助于企业完善国际互认制度，清除贸易障碍，顺利开展贸易活动。

　　产品质量认证是指为经过认证机构认证合格的产品，颁发产品质量认证证书，准许企业在产品或者其包装上使用产品质量认证标志。目前许多国家对进口产品都有认证要求，没有取得认证就无法进入这些国家的市场。需要提醒的是，跟单员应提前了解客户的目标市场，即便客户没有明确说明，一些必要的认证仍是必不可少的，最好提前与供应商沟通好，否则到后期容易措手不及，甚至做了无用功。例如目前使用最为广泛的 CE 认证。

　　CE(Conformity with European，欧盟 CE 指令)认证为各国产品在欧洲市场进行贸易提供了统一的技术规范，简化了贸易程序。任何国家的产品要进入欧盟、欧洲自由贸易区必须进行 CE 认证，在产品上加贴 CE 标志。因此 CE 认证是产品进入欧盟及欧洲贸易自由区国家市场的通行证，被视为制造商打开并进入欧洲市场的护照。加贴 CE 标志的商品表示其符合安全、卫生、环保和消费者保护等一系列欧洲指令表达的要求，是企业对消费者的一种承诺，增加了消费者对产品的信任程度。产品加贴 CE 标志将降低在欧洲市场上销售的风险，如图 3-2 所示。

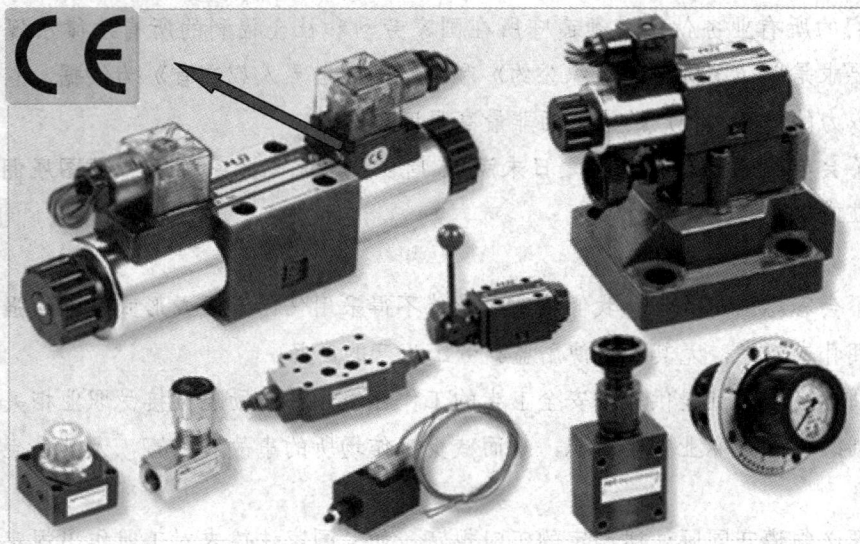

图 3-2　加贴 CE 标志的产品

　　此外，还有一些行业内部的认证同样在国际贸易中起到不可比拟的优势作用，甚至成为客户选择供应商时的必要条件，例如在欧美国家盛行的生态纺织认证。近些年欧盟的进口商受消费者影响，越来越青睐加贴了绿色标签的纺织品，甚至有些欧盟成员国的进口商非绿色纺织品不买。这样，不带绿色标签的第三国纺织品就很有可能被许多欧盟进口商拒绝，其市场的空间自然也就比较狭小。生态纺织认证在欧洲，尤其是德语地区，已经由最初的市场竞争中的优势条件，逐渐变为一个基本条件。

　　OEKO-TEX®由欧洲和日本的 18 家独立的研究和检测机构共同组成，其专注于纺织品和皮革生态领域，在全球 60 多个国家和地区设有联络处。全球领先的 OEKO-TEX®标准，使得消费者通过负责任的决定保护地球，全球近 100 个国家和地区的 16 000 家生产商、品牌商和零售商选择与 OEKO-TEX®合作，全球数百万消费者，会根据产品是否有OEKO-TEX®标签来做出购买决定。

　　如图 3-3 所示，STANDARD 100 by OEKO-TEX®是世界上最权威、影响最广的纺织品有害物质检验标签之一，被广泛运用于检测纺织和成衣制品在影响人体健康方面的指标。获得 STANDARD 100 by OEKO-TEX®标签的公司类型涵盖了男女服装、童装、配饰、家纺以及纤维面料等整个供应链。一件衣服要想取得 STANDARD 100 by OEKO-TEX®的认证，除了主体面料需符合标准之外，其他包括基本的缝纫线、纽扣、拉链、商标等各个部件也都要通过有害物质的检测。

图 3-3　STANDARD 100 by OEKO-TEX®

　　Oeko-Tex Standard 100 认证证书已成为各大纺织企业热衷的名片之一，图 3-4 为一张 Oeko-Tex Standard 100 认证证书。

　　综上，作为跟单员，应当详细了解国际贸易领域各类典型认证的信息和执行动态，并结合本企业所在行业领域，深入了解相关国际标准及认证，才能在与客户或工厂沟通过程中占据主动。

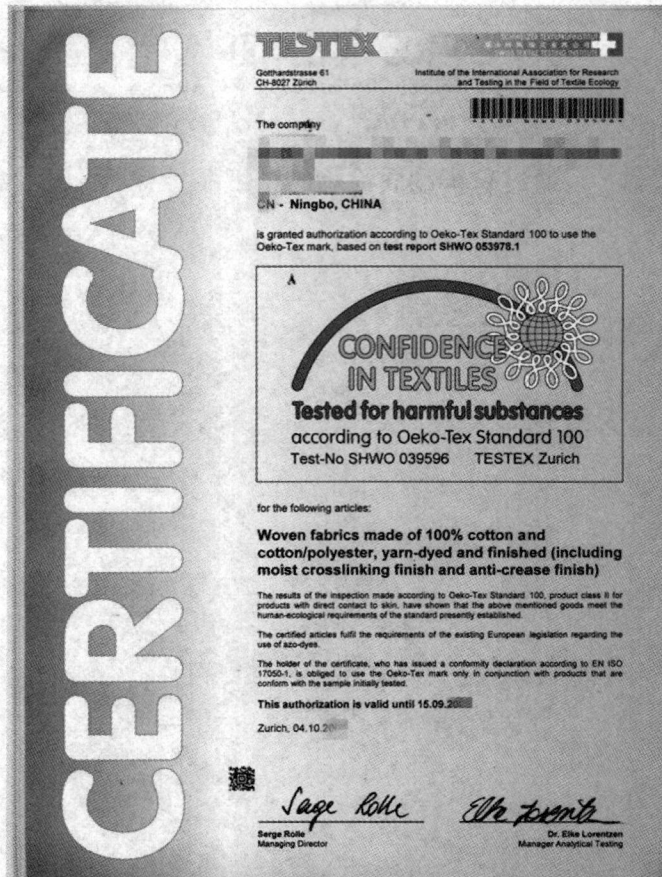

图 3-4　Oeko-Tex Standard 100 认证证书

二、工作任务实施

分析以下客户来函，总结客户对供应商的要求。

Dear Jenny,

As we talked last time, we're going to meet some customers of high-end market in European Union, so pls help to find several manufactures of fabric, which has obtained certificates of ISO9001, ISO14001, and all the fabrics need the certificate of Oeko-Tex® Standard 100. We need scan file of the certificates for checking.

Your early reply will be appreciated.

Best regards,

Tom

客户对供应商的要求如下：

国际标准体系认证：_____

产品质量认证：_____

其他要求：_____

子任务二　寻找供应商

【任务描述】

Jenny 带领团队成员分工协作，通过网络寻找相关的供应商，收集各个工厂的资料进行比较分析。

一、知识要点回顾

目前，外贸企业收集供应商信息的途径主要有以下几种：

(1) 利用商务 B2B 网站对有关产品生产企业进行搜索，获取相关产品和企业的信息。比较知名的网络平台有环球资源(Global Source)、中国制造网(Made-in-China)、广交会电商(E-canton Fair)、阿里巴巴(Alibaba)等。如图 3-5 所示，通过关键词"T-shirt"进行搜索，可以找到大量相关产品供应商、制造商的信息。

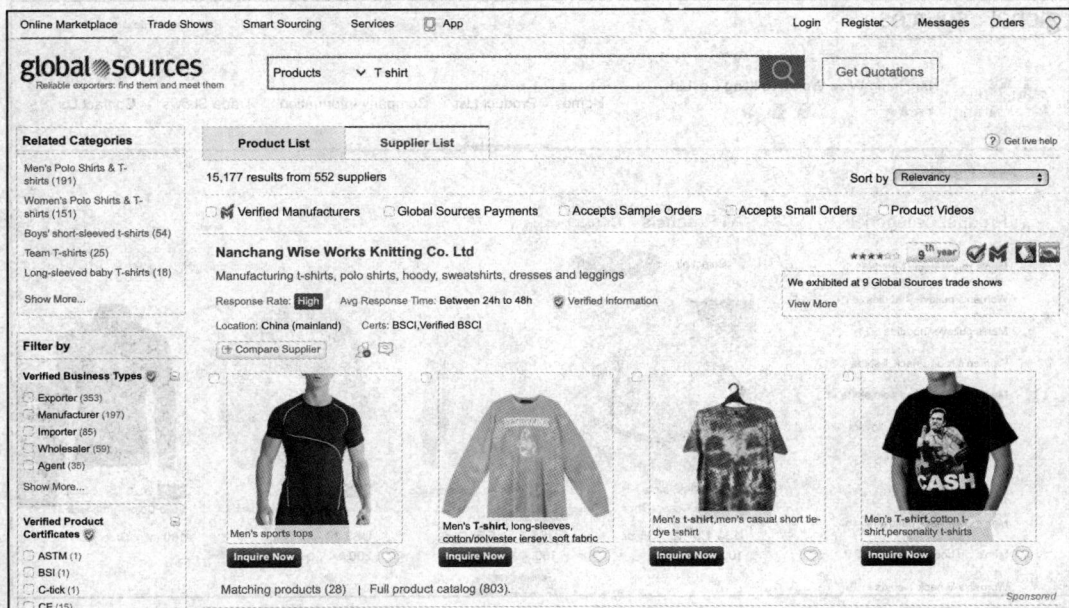

图 3-5　环球资源网

任意点开一个企业的链接，就可以获取企业相关的各种信息，以 T-shirt 关键词搜索出排名第一的"Nanchang Wise Works Knitting Co. Ltd",如图 3-6～图 3-8 所示,就可以看到该企业的简介、主要产品种类、联系方式及通过的各类认证等。

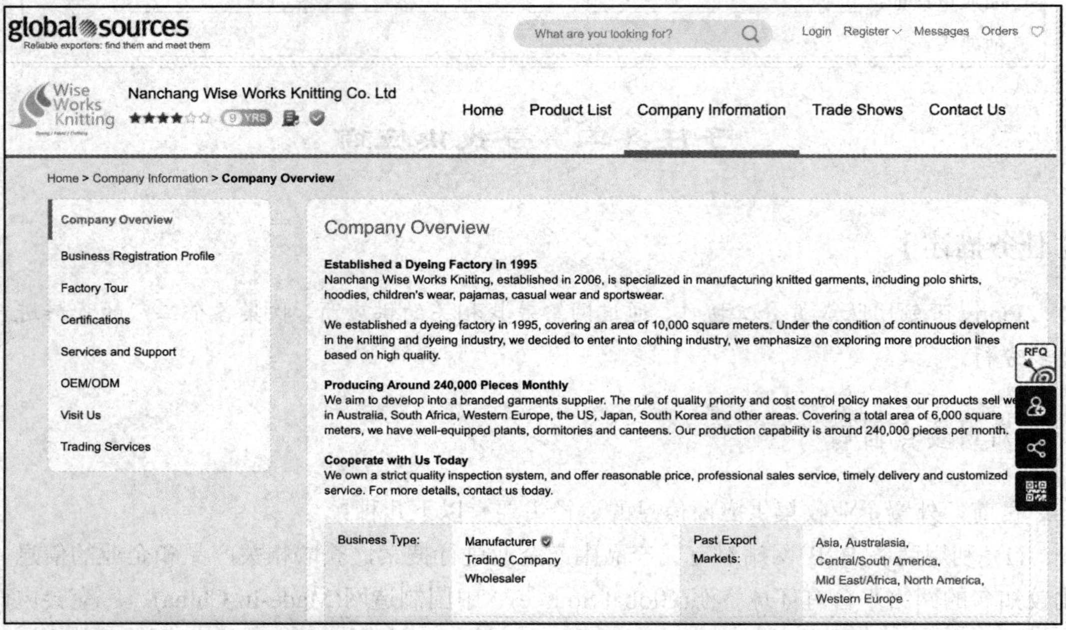

图 3-6　供应企业简介

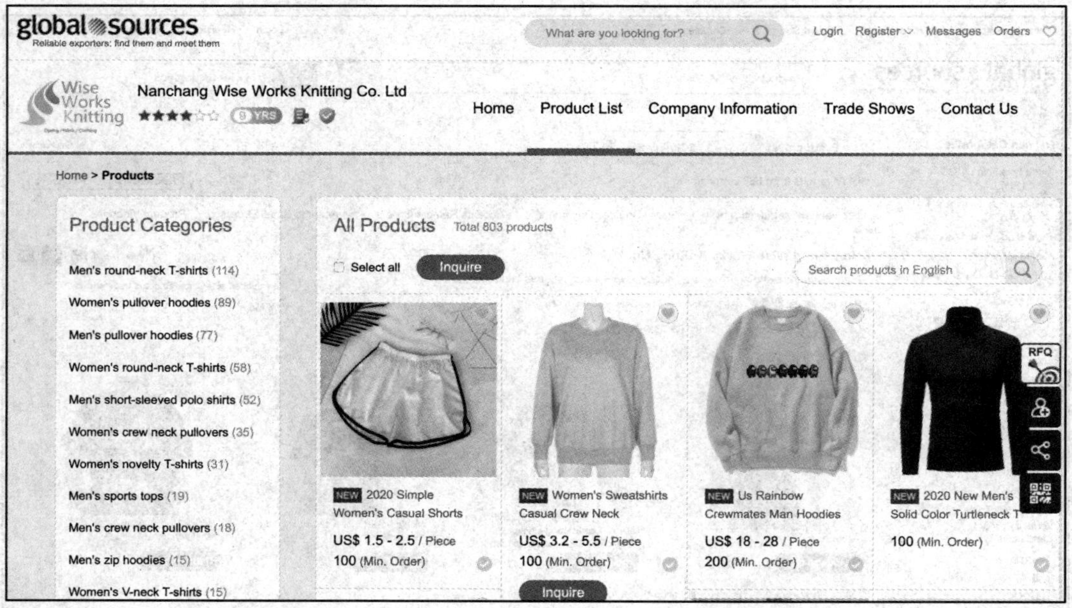

图 3-7　供应商产品信息

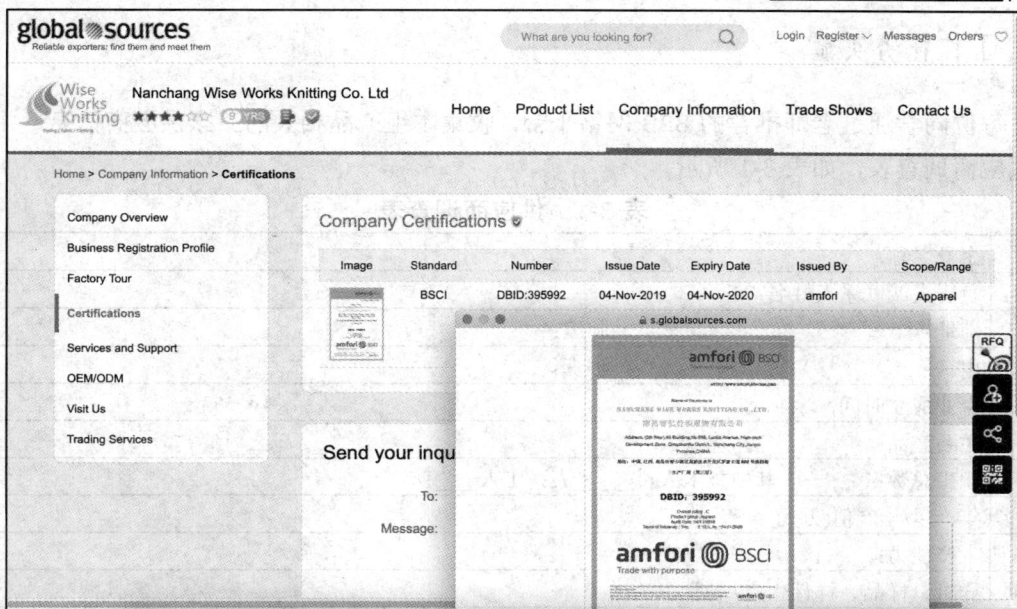

图 3-8 供应商获得认证信息

(2) 参加国内外产品展销会或政府组织的各类商品订货会，直接了解产品和企业的有关信息。例如宁波国际会展中心每年春秋两季都会举办"外贸工厂展览会"，为周边外贸公司提供了很好的寻找供应商的渠道，如图 3-9 所示。

图 3-9 "宁波外贸工厂展览会"宣传海报

(3) 查阅国内外采购指南、各类出版物品的厂商名录和电信黄页等。

(4) 通过国内外各种商联或同业协会，掌握相关产品和企业的信息。

(5) 客户指定供应商，供应商同行相互推荐。

二、工作任务实施

每位同学通过老师推荐的 B2B 网络平台，收集本组产品相关的三家供应商信息，并填写供应商调查表，如表 3-1 所示。

表 3-1　供应商调查表

1	企业名称：
2	负责人或联系人姓名：
3	地址：　　　　　　　　　　邮编：
4	电话：　　　　　　　　传真：
5	企业成立时间：
6	主要产品：
7	职工总数：　　　其中技术人员＿＿＿人；工人＿＿＿人
8	年产量/年产值(万元)：
9	生产能力：
10	样机、样品、样件生产周期：
11	生产特点： □成批生产　　　□流水线大量生产　　　□单台生产
12	主要生产设备：□齐全、良好　　□基本齐全、尚可　　　□不齐全
13	使用或依据的产品、质量标准： a. 国际标准名称/编号： b. 国家/行业标准名称/编号： c. 供应商企业标准名称/编号： d. 其他：
14	工艺文件：□齐全　　□有一部分　　□没有
15	检验机构及检测设备： □有检验机构及检测人员，检测设备良好 □只有兼职检测人员，检测设备一般 □无检测人员，检测设备短缺，需外协
16	测试设备校准状况：□有计量室　　□全部委托外部计量机构
17	主要客户(公司/行业)：
18	主要物料来源：
19	新产品开发能力： □能自行设计开发新产品　　□只能开发简单产品　　□没有自行开发能力
20	国际合作经验： □是外资企业　　　　　　　□是合资企业 □给外企提供产品　　　　　□无对外合作经验
21	职工培训情况：□经常、正规地进行　　□不经常开展培训
22	是否通过产品或体系认证：□是(指出具体内容) □否
备注：	
企业负责人签名盖章：　　　　　　　　日期：　　年　月　日	

子任务三　　确定供应商

【任务描述】

Jenny 的团队成员一起讨论，各自阐述所选择的供应商的情况及选择理由，按照评估标准进行评分。组内经过讨论，最终选择一个合作的工厂，并书写供应商选择报告，列明分析的理由和结果。

一、知识要点回顾

选择供应商，就是要求供应商在能持续满足预先设定的质量标准的前提下，保证按时供货。评估供应商，就是根据精心制定的质量和交货标准，对供应商进行有规律的科学评价。供应商的选择和评估系统，即供应商业绩衡量是个连续的过程，结果将被反馈到供需双方的管理层，以提供不断改进的机会并付诸实施。

先是对供应商的"质量保证体系"进行初步调查，主要包括其体系的完整性、有效性。比如说取得质量体系认证与否，品管组织机构完善性、合理性(独立性)，程序文件或质量记录完整性，是否有足够或必要的检验仪器设备，有无文件发放、更改、版本、审批管理制度，产品检验制度是否完备(出货检查)等，如表 3-2 中第二部分"质量保证体系"所示。

然后是对其生产、开发等综合能力的调查评估，主要包括对供应商的现场生产管理能力(如表 3-2 中第三部分所示)、设计开发能力、生产工艺技改能力、对不合格品的控制能力、采购和储运管理能力等项目的综合调查评估。

最后是定期考核与复核供应商，主要是依照市场需求的变化情况，从价格、品质、交货、协调等方面对供应商进行定性与定量的考核评估，其中比较关键的指标是退货率与逾期率。为了能与合格的供应商建立长期双赢的合作伙伴关系，有时还需定期或不定期地到供应商的供应商处进行监督检查(这时当然需要供应商的陪同)，或设监督点对关键或特殊工序进行监督控制。

以国内某著名电器公司为例，要成为这家公司的供应商，必须过五关斩六将，资金、技术、渠道、诚信等方面都要达到非常严格的要求，否则就会因为某个不被关注的细节败下阵来。要成为该公司的供应商，耗时少则三个月，多则一年，期间需要不断地进行磨合和改进。以下 12 项采购流程缺一不可：

(1) 供应商提供尽可能详细的资金、经营许可证、产品、生产规模、资信认证等相关报告，资料越详细越好。

(2) 采购商先将供应商提供的资料做一个详细的归类，进而把这些客户归类，并且给出是否值得扶持、资金是否值得肯定的内部分析。

(3) 采购商视察供应商的工厂。视察厂家规模是否与他们提供的基础资料一致，如果有不一致的地方就不予考虑合作。

(4) 采购商向供应商提出样品需求。看样品的尺寸、规格以及其他参数是否符合需求。

(5) 采购商要通过检验部门的技术分析，检验其价格、质量以及其他方面是否符合要求。

(6) 如果符合要求，采购商对供应商下达一个评审通知书。符合要求的供应商可以进入采购商的供应链。对于供应商来说，首先要进入采购商的供应链，才能有资格为其提供产品服务。

(7) 采购商与供应商进行初期的商业谈判，正常的谈判时间为三个月。

(8) 双方签订合同。

(9) 供应商开始对采购商提供小批量的产品。

(10) 采购商对供应商的小批量产品进行复查。所有的小批量产品必须进行严格的实验和检查。

(11) 如果小批量产品通过审核，那么此供应商的产品将被加入采购商的产品目录。

(12) 供应商的产品加入采购商的产品目录，每一个目录都需要重新评审一次，每一个地方都需要重新评审一次，整个流程需要半年时间。

12 道流程不能出一丝差错，资信方面更是不允许有问题。以上 12 个环节都成功通过以后，该供应商才能成为此采购商的供应商，进入他们的全球供应链。以上要求是极其苛刻的，哪一个环节上出了差错，都有前功尽弃的可能。

表 3-2 是深圳某家具公司的供应商评估表，包含非常详细的评审指标和评分标准，供读者参考。

表 3-2　供应商评估表

供应商名称：　　　　　　　　　　　　　　　　　　　　　　　年 月 日

评审项目	序号	评审内容及细则	评　价 (分类：A / B / C)			评分 (系数 1/0.7/0.5)	实得分
（一）经营状况	1	经营业绩(利润/销售额)	良	中	差	1	
	2	税赋条件	优惠	一般	较重	2	
	3	产能利用率	70%	50%	90%以上	3	
	4	本公司占其业务量比例	30%以上	10%～30%	10%以下	3	
	5	营业证明文件、证书有效性	良	有效	部分失效	1	
	小计		□良	□中	□差		

评审项目	序号	评审内容及细则	评 价 (分类：A / B / C)			评分 (系数 1/0.7/0.5)	实得分
（二）质量保证体系	1	取得质量体系认证与否	有	进行中	否	2	
	2	品管组织机构完善性、合理性(独立性)	完善	基本完善	欠缺	3	
	3	检验结果与处置正确性	正确	基本正确	不正确	3	
	4	程序文件/质量记录完整性	完善	基本完善	欠缺	2	
	5	质量信息分析反馈及时性	及时	较及时	不及时	2	
	6	质量意识及重视程度	非常	一般	尚可	2	
	7	公司质量方针目标明确	明确	较明确	尚可	1	
	8	质量控制力度足够，设过程检验点	足够	尚可	欠缺	4	
	9	检验规范/标准/依据	明确	一般	不明确	2	
	10	检验记录一致性	值得信赖	较准确	一般	2	
	11	是否有足够/必要检验仪器设备	足够	可应付	欠缺	2	
	12	检验仪器、设备有无校验记录	齐全	有	无	1	
	13	有无文件发放、更改、版本、审批管理制度	有	不完善	无	1	
	14	产品检验制度是否完备(出货检查)	有	不完善	无	3	
	小计	□完善	□欠缺		□不满足		
（三）生产管理	1	作业规程与作业指导书	完善	尚有	无	3	
	2	不合格品控制：隔离、标识	严格	一般	较随意	2	
	3	不合格品控制：处理、追溯	严格	一般	较随意	3	
	4	作业人员执行工艺状况	严格	一般	较随意	3	
	5	生产与作业环境情况	整洁	一般	较差	2	
	6	作业流程合理性	合理	欠合理	较乱	2	
	7	必要的卫生/安全防护措施	完备	尚有	无	2	
	8	生产指令的有效执行情况	严格	不够严格	较差	3	
	小计	□规范	□一般		□弱		

续表二

评审项目	序号	评审内容及细则	评价 (分类：A / B / C)			评分 (系数 1/0.7/0.5)	实得分
（四） 设备 管理	1	设备先进性(更新、增置)	先进	中等	较旧	1	
	2	设备与产品要求配套适应性	适合	需调整	不适合	2	
	3	五年役龄以内设备比例	70%	50%	30%	1	
	4	有无设备保养、维护计划和故障记录	完善	有	不完善	1	
	5	设备加工生产能力	满足	基本满足	不满足	1	
	小计	□优　　　　　□良　　　　　□差					
（五） 储运 状况	1	仓库及物料堆放区域划分、标识	清晰	尚有	较乱	2	
	2	仓储条件与环境及防护设施	良好	一般	较差	2	
	3	帐、卡、物设立及一致性	一致	有出入	混乱	2	
	4	在库产品质量状况	良	尚可	不良	1	
	小计	□良　　　　　□中　　　　　□差					
（六） 供应储 备能力	1	供应商甄选程序完整性	完善	不完整	较差	2	
	2	其对供应资源、渠道的控制能力与状况	强	尚可	一般	2	
	3	供料稳定性(停工待料频次)	良	尚可	较频	1	
	4	材料储备状况(可用天数)	满足	一般	较差	1	
	5	交付保障能力是否足够	强	满足	较弱	1	
	小计	□强　　　　　□一般　　　　　□差					
（七） 员工 培训	1	管理人员及技术、质量人员专业水平	高	中	低	2	
	2	有无系统培训计划及实施	有	未实施	无	2	
	3	关键岗位培训	有培训	简单培训	无	1	
	小计	□强　　　　　□一般　　　　　□差					
（八） 客诉 处理	1	有无客诉处理程序和记录	完善	尚有	无	2	
	2	客诉处理是否及时	及时	尚可	较差	2	
	3	纠正预防措施落实情况	有效	基本到位	不到位	4	
	4	签样及版本管理	完整	一般	不完整	2	
	小计	□良　　　　　□中　　　　　□差					

续表三

评审项目	序号	评审内容及细则	评价 (分类：A / B / C)			评分 (系数 1/0.7/0.5)			实得分
（九） 异常与 危机	1	停水	极少	较少	较多	1			
	2	停电	极少	较少	较多	1			
	3	生产计划异常或因危机停产	极少	较少	较多	2			
	4	工伤及安全事故	极少	较少	较多	1			
	小计		□防范缜密	□处理及时	□频发				
						合计	100		

品质部评审意见：
采购部评审意见：
采购经理审核：
审批结果：　　□ 准允供应　　　□ 可作临时替代　　　□ 储备　　　□ 不予考虑
审批人签名：

说　明	1. 各项按能力、水平、程度分别打分，无则打"0"分。可依现场实况增加得分项，加/减分可备注说明，累计各项实得分为其现场总评分
	2. 每栏小计得分并定性打"√"
	3. 经销商、服务类企业限"一、五、六、八项"评审
	4. 合格分：制造类>60分；经销、服务类>20分；不合格分：制造类≤60分；经销、服务类≤20分
	5. 本表作为程序文件规定的供应商开发评审之依据
	6. 本表得分按占20%权重同供应商业绩评分一并计入年度供应商评审

二、工作任务实施

分组进行小组讨论，精简供应商评审指标，对已收集的三家供应商进行综合评估、比较后得出结论，确定一个首选的合作工厂，书写供应商选择报告。

供应商选择报告

_×××_ 组

本组产品特点：_____

_____

对供应商要求：_____

_____

供应商 1：_____

供应商 2：_____

供应商 3：_____

供应商比较分析：_____

_____

_____

结论：_____

_____

工作任务二　落实大货生产

【任务描述】

Jenny 向选定的供应商下达采购订单，明确大货生产的要求。

一、知识要点回顾

跟单员收到客户的订单，一般不会直接将其发到所选择的供应商(或本公司生产部)处进行生产，而是需要把客户订单转化为工厂生产通知单或大货单，加工合同或采购合同再进行移交。

转化客户订单时，必须明确客户订单中的产品名称、规格型号、数量、包装要求、出货时间等，并且在转化过程中不得有误，有什么特别要求一定要在采购单或生产单上注明。只有这些资料明确了，供应商或生产部门才能凭此安排备料生产，做好生产计划。转化订单时有以下几点需要注意：

(1) 将客户的制造工艺单和确认的样品(如有)交至加工生产企业或生产部，并明确品质和包装要求；

(2) 与加工生产企业或生产部明确原材料、辅料的提供方式，以及双方各自应承担的义务；

（3）根据加工生产企业或生产部的生产能力，结合信用证或合同规定的装运期与企业商议生产进度，确定合理的交货期。值得一提的是，工厂交货期可以保守显示，如客户要求的交期为 12 日，可以显示为 10 日，多留一两天机动时间以防生产安排延误，或为出货前成品检验、船样批复等事宜争取多一点时间，以保证最终按照客户要求出货。

需要提及的是，根据供应商企业自身接单部门设置的情况(如是否有具备专业英语能力的跟单员)，采购(生产)订单采用中英文都有可能。图 3-10、图 3-11 显示的是宁波某外贸公司对客户签发的 PI 以及与工厂签订的购销合同。图 3-12 是某工贸一体企业外销部给生产部下达的生产任务单。

NINGBO LIBER YPO LIMITED

TO: R# B/H Swastik Bansidhar Engg Narol,Ahmedabad-382 405 India		PROFORMA INVOICE			P/I NO:	I409SR04
					CLIENT:	Chintan
					DATE:	Sep 23rd,2014
					TERM OF	CFR BOMBAY
					PAYMENT:	T/T
description	size	color	ctn	q'ty	unit price	amount
2):Resin embossed flower button,with 2 holes,without dyeing,18L packing:1000pcs/poly bag.						
A22-1029	18L			1,500	$0.3168 /gross	$475.20
TOTAL:				**1500**	gross	**US$475.20**

1-DELIVER TIME : 15 DAYS AFTER CONFIRMATION.
2-PAYMENT TERM:30 % DEPOSIT BEFORE PRODUCTION.
3-SHIPMENT : NINGBO CHINA BY SEA
4-BANK INFORMATION:
　Transfer to our company account:
　Intermediary Bank: WELLS FARGO BANK,N.A.NEW YORK
　SWIFT BIC: PNBPUS3NNYC
　Beneficiary Bank: YINZHOU BANK
　SWIFT BIC: YZBKCN2N
　Benificiary A/C No.: 810
　Name: NINGBO LIBERTY PO LIMITED
　Address: R 105 B1530 Z B L CTR 3 C G ENG LEE ST

THE SELLER: SONYA　　　　　　　　　　　　　THE BUYER:

For and on behalf of NINGB
Sonya
Authprized Signature(s)

图 3-10　对客户签发的 PI

产品购销合同

合同号：	1409SR04	生产厂商： 浙 ████ 司
合同日：	2014/9/27	工厂地址： 义 ████ 2
交货日：	204/10/7	电话： 传真：
跟单员：	05 ██	联系人： 丽丽
		手机：

一、采购产品说明：

产品名称	尺寸	颜色	件数	数量	单价(RMB)	金额(RMB)
1)树脂纽扣，两孔，实色不染色，同你发来的图片，外圆内刻花形。 包装：1000颗/包	18L			1,500 罗	1.872 /罗	2808.00
						2808.00
					税9%	252.72
合计：				1,500 罗		3060.72

合计：人民币(大写) 佰 拾 元 整。(要开票,含税和运费送到宁波)

二、质量要求技术标准,供方对质量负责的条件和期限；供方对质量负责的条件和期限；出口标准,需方客户收货后。

在180天内出现该合同中的产品质量等问题，需方有权向供方提出索赔，为此造成的损失应由供方承担。

三、运输方式及到达站港和费用负担：汽车运输。汽运，费用由供方承担。

四、验收标准，方法及提出异议期限：产品达到需方客户后以客户验收为准，异议期限为货出厂后一年内。

五、结算方式及期限：发货前货款付清.

货人需方指定地点，开增值税发票。

六、出货前寄每种规格出货样到我司留底。

七、任何包装及产品,不得出现供应商及生产工厂的任何标志或联系方式.如发现以上

情况供方承担一切责任

八、违约责任：按"合同法"执行。

九、解决合同纠纷方式：双方协商解决，如未果，提交宁波法院裁决。

十、交货时间、地点： 交货到:需方指定仓库

主唛：待告　　　　　　　　　　　　　　侧唛：

供方：	需方：
单位名称(章)	单位名称(章)
业务负责人：	业务负责人：
确认日：	确认日：

图 3-11　与工厂签订的购销合同

永康市莱米工贸有限公司

生产任务单

RaiMi

生产单号：201800370　销售单号：PI201812021　交货期：2019/1/15　数量：100　样品：背带衣

款式	尺码	背心裙长（半）高衣长（CM）	数量 烫光膜	单件耗材 面料	单件耗材 反光条	单件耗材 包边布	门幅（毛）	生产说明	包装要求
蓝黄拼接2裤2竖背心	S	59*67CM	25	0.62	3.75	4.2	毛门幅荧光黄1.62米螺青1.55米	英国尺寸，后背丝网印刷，不要有线头	1pc60opp袋，50pcs/ctn
蓝黄拼接2裤2竖背心	M	61*68CM	50	0.62	3.85	4.3	毛门幅荧光黄1.62米螺青1.55米	英国尺寸，后背丝网印刷，不要有线头	1pc60opp袋，50pcs/ctn
蓝黄拼接2裤2竖背心	L	63*69CM	25	0.62	3.95	4.4	毛门幅荧光黄1.62米螺青1.55米	英国尺寸，后背丝网印刷，不要有线头	1pc60opp袋，50pcs/ctn
合计			100						

裁剪要求：20M魔木贴毛长：3CM*3时，背心应进长300M0通码
生产要求：缝制前於合门眼，定位孔是否准确，生产大货简首件封样给技术部门确认，严格按照样衣和生产工艺单要求次生产，注意产品的清洁度以及品质。包边针距30M6针，包边针距30M9针，晶格针距30M6针。
成品要求：无线头，无污渍，无露针，无漏针，反光条针距30M6针。

材料明细

序号	名称	规格	颜色	计划用量	总用量	单位	备注
1	针织布	120g	藏青色	4	4	KG	
2	针织布	120G	荧光黄	8	8	KG	
3	高亮氮化纤反光布	5CM	银灰色	385	385	M	
4	80克针织布包边	3.2CM	黑色	430	430	M	
5	右面树脂冷贴	5号	黑色	100	100	PC	
6	齿面条纹魔木贴	2CM	黑色	8	8	M	
7	毛面条纹魔木贴	2CM	黑色	8	8	M	
8	丝网印刷加工	20*8.1CM	黑、灰、深蓝	100	100	PC	
9	PVC片	8*11	透明	100	100	PC	
10	塑料字扣	1	黑色	100	100	PC	

生产大货前首件封样给技术部门确认，严格按样衣和工艺单要求生产，注意产品品质。

制表人：SunShine　制表日期：2019/3/27　审批人：　审批日期：

图3-12 某公司生产任务单

二、工作任务实施

根据以下 Slann 公司的外销合同(形式发票，如图 3-13 所示)和供应商分配表(如图 3-14 所示)，制定相应的采购订单。

Proforma invoice

								P/I No.:	27JDB158
								Date:	2007/6/13

To Messrs, M.G.S SPORT TRADING LTD

We hereby confirm having sold to you the following goods on the terms and conditions stipulated below:

(1) 货物名称及规格 Name of Commodity & Specifications							(2) 数量 Quantity	(3) 单价 Unit Price	(4) 总值 Total Amount
									FOB SHANGHAI
ORDER NO	MODEL NAME	ART.NO	COLOR	SIZE	PRS/CTN	CTNS	PAIRS	Unit Price	Amount
001JADE	ELDAR JR	DY80155	NAVY BLACK	28-35	45	40	1800	1.25	2250.00
002JADE	TEAR	ZS45174	DK .BROWN	36-41	20	75	1500	1.40	2100.00
			BLACK	36-41	20	75	1500	1.40	2100.00
			NAVY	36-41	20	75	1500	1.40	2100.00
003JADE	SQUARE MEN	ZS45174	DK .BROWN	40-46	20	100	2000	1.49	2980.00
			BLACK	40-46	20	100	2000	1.49	2980.00
			NAVY	40-46	20	100	2000	1.49	2980.00
004JADE	FANY JR	18J-38	PURPLE	28-35	45	40	1800	1.35	2430.00
005JADE	ROTEM INF	JW70PO	FUSHIA LT.BLUE PURPLE	22-27	45	40	1800	1.10	1980.00
006JADE	ASAF INF	JW70PO	BROWN NAVY/LT BLUE	22-27	45	40	1800	1.18	2124.00
ASSORTMENT:				IN TOTAL		685	17700		24024.00

DY80155	SIZE:	28	29	30	31	32	33	34	35	
		1	1	2	2	3	2	2	2	=15PAIRSx3 COLOR =45PAIRS

ZS45174	SIZE:	36	37	38	39	40	41	
		2	3	5	5	3	2	=20PAIRS

ZS45174	SIZE:	40	41	42	43	44	45	46	
		1	2	4	4	4	3	2	=20 PAIRS

18J-38	SIZE :	28	29	30	31	32	33	34	35	
		1	1	2	2	3	2	2	2	=15 PAIRS X3 COLORS=45PRS

JW70PO	SIZE:	22	23	24	25	26	27	
		2	2	3	3	3	2	=15 PAIRS X3 COLORS=45PRS

(5)Packing: **IN CARTONS**

(6)Shipping Mark: **AT THE BUYER'S OPTION**

(7)Time of Shipment: **AUGUST 10TH .2007**

(8)Port of Loading: **SHANGHAI ,CHINA**

(9)Port of Destination: **AT THE BUYER'S OPTION**

(10)Terms of Payment: **L/C AT SIGHT**

(11) Insurance: **TO BE EFFECTED BY THE BUYER**

(12) Claim: Claims for damage or quality/quantity discrepancy should be filed by the buyers with the sellers within 30 days after arrival of the goods at destination and supported by sufficient evidence for sellers reference; otherwise the sellers shall refuse to consider. Claims in respect of matters within responsibility of insurance company and' or shipping company will not be considered or entertained by the sellers.

(13) Arbitration: All disputes arising from the execution of or in connection with this contract, shall be settled amicably through friendly negotiation, In case no settlement of the dispute can be reached within 60 days after it is filed, the case shall then be submitted to China International Economic and Trade Arbitration Commission for arbitration in accordance with its Provisional Rules of Procedure. The arbitral award is final and binding upon both parties.

(14) Other Terms:

买方 The Buyer:	卖方 The Seller:
M.G.S SPORT TRADING LTD	Slann Import and Export Co., Ltd.

图 3-13　Slann 公司外销形式发票

供应商分配 27JDB158 的明细

ORDER NO	MODEL NAME	ART NO	color	quantity	@	ctns	size	price¥	amount¥	note
外销合同: 27JDB158			CUS:M.G.S SPORT TRADING LTD						from:SHANGHAI,CHINA	
			SHIPMENT:							
001JADE	ELDAR JR	DY80155	NAVY /BLACK/DK.BROWN	1800	45	40	28-35	8.00	14400.00	JD07B3024
奥森				1800		40			14400.00	
002JADE	TEAR	ZS45174	DK.BROWN	1500	20	75	36-41	8.70	13050.00	JD07B3022
002JADE	TEAR	ZS45174	BLACK	1500	20	75	36-41	8.70	13050.00	
002JADE	TEAR	ZS45174	NAVY	1500	20	75	36-41	8.70	13050.00	
004JADE	FANY JR	18J-38	RED /PINK/PURPLE	1800	45	40	28-35	8.50	15300.00	
中申				6300		265			54450.00	
003JADE	SQUARE MEN	ZS45174	DK.BROWN	2000	20	100	40-46	8.50	17000.00	JD07B3023
003JADE	SQUARE MEN	ZS45174	BLACK	2000	20	100	40-46	8.50	17000.00	
003JADE	SQUARE MEN	ZS45174	NAVY	2000	20	100	40-46	8.50	17000.00	
远大				6000		300			51000.00	
005JADE	ROTEM INF	JW70PO	FUSHIA /LT.BLUE/PURPLE	1800	45	40	22-27	6.70	12060.00	JD07B3025
006JADE	ASAF INF	JW70PO	NAVY/ORNG BROWN NAVY/LT.BLUE	1800	45	40	22-27	6.90	12420.00	
大羽				3600		80			24480.00	
汇总				17700		685			144330.0	

唛头:	M.G.S SPORT TRADING LTD	备注:	1 塑料袋我司提供
	P.O.E (ISRAEL)		2 织标我司提供
	NUMBER OF CARTON: OF		3 塑料袋上的条形码不干胶我司提供
	MADE IN CHINA		4 希伯来标和成分标工厂提供

制单人:jenny
日期:2007-7-16

图 3-14　订单 27JDB158 供应商分配明细表

工作任务三　生产进度与质量跟踪

子任务一　交期跟踪与沟通

【任务描述】

Jenny 通过公司的 ERP 系统实时查询手头订单中所有产品的生产状况，发现出现了异常的订单，及时向生产部门了解情况，得到生产部的通知，产品不得不延误交期，于是立即与客户 Anthony 进行沟通。

一、知识要点回顾

订单跟踪是跟单员花费精力最多的环节，尤其对于一些重要的、客户要求较高的或紧急的订单，跟单员应全力跟踪生产的全程，直至顺利出货。订单跟踪主要包括生产进度跟踪和质量跟踪两大方面，目标就是让企业能按订单及时交货，按订单约定的品质交货。生产进度与品质跟踪的业务流程如图 3-15 所示。

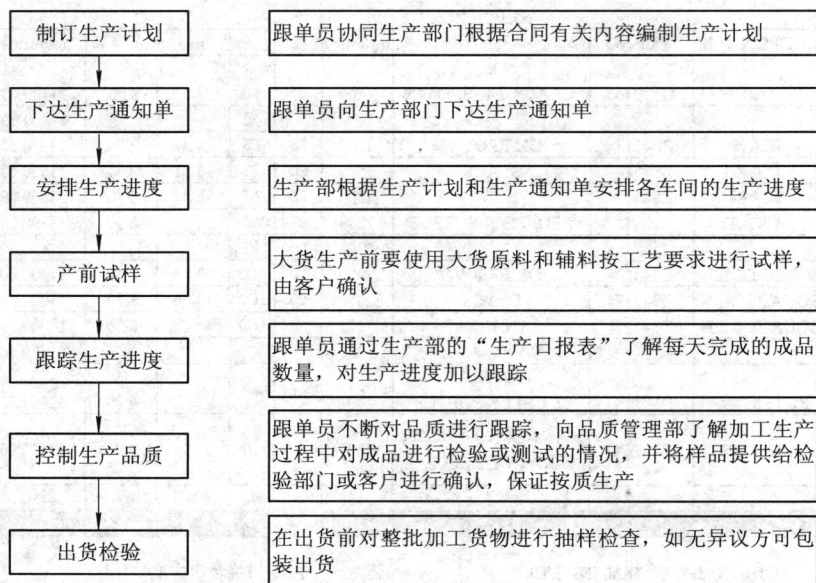

制订生产计划	跟单员协同生产部门根据合同有关内容编制生产计划
下达生产通知单	跟单员向生产部门下达生产通知单
安排生产进度	生产部根据生产计划和生产通知单安排各车间的生产进度
产前试样	大货生产前要使用大货原料和辅料按工艺要求进行试样，由客户确认
跟踪生产进度	跟单员通过生产部的"生产日报表"了解每天完成的成品数量，对生产进度加以跟踪
控制生产品质	跟单员不断对品质进行跟踪，向品质管理部了解加工生产过程中对成品进行检验或测试的情况，并将样品提供给检验部门或客户进行确认，保证按质生产
出货检验	在出货前对整批加工货物进行抽样检查，如无异议方可包装出货

图 3-15   生产进度与品质跟踪的业务流程

生产进度跟单主要是了解企业的生产能力是否能满足订单对交货期的要求，产品是否按订单生产。为此，跟单员有时应深入企业的生产车间查验产品的生产进度，协助分配各车间的工作量，确定合理的生产顺序，发现问题及时处理。生产进度跟踪的基本目的是使企业能够按订单交期及时交货，也就是要使生产进度与订单交货期相吻合，即使做不到提前交货，也不延迟交货。

不能及时交货的原因通常有如下几点：

(1) 接单管理不良，紧急订单多。紧急订单多、交货期过短，引起生产设备紧张；计划粗糙、投产仓促，导致物料供应混乱。

(2) 产品技术变更频繁。产品设计与工艺变更频繁，图纸不全或一直在改，生产制造无所适从，导致物料供应失控，生产延误。

(3) 物料计划不良。用料计划不良，供料不及时，停工待料，制品转移不顺，导致物料供应延误。

(4) 制成品品质控制不良。不良品多、成品率低，影响物料数量。

(5) 设备维护保养欠缺。设备故障多，工具管理不当，导致物料耗损过大。

(6) 排程不佳。排程不合理或产品漏排，导致生产低效或物料没有使用。

(7) 能力、负荷失调。产能不足，且外包计划调度不当或外包厂商选择不当，作业分配失误等，导致物料供应不及时。

(8) 其他。没有生产管理或生产管理不得力，生产或物料控制不良，部门沟通不良，内部管理制度不规范、不健全等，都会导致物料供应和生产失控。

图 3-16 显示的是企业的生产进度控制流程。具体操作中，跟单员可通过生产管理部门的"生产日报表"了解每天的成品数量及累计完成数量，以了解生产进度并加以跟踪控制，也可以把每日实际生产的数量同预计生产数量加以比较，看是否有差异，追踪记录每日的生产量，确保能按订单要求准时交货。

制造日程计划	生产管理部门编制、下达
生产命令	生产部门发布、下达
实施作业	具体生产单位按命令实施作业
生产报告	生产日报表
差异分析	差异分析，找出主要影响因素
补救措施	针对影响因素，采取补救措施
效果确认	对效果进行确认，若效果不佳，无法及时交货
及时联络协调	及时反馈，联络跟单员、客户等部门人员，做好相关协调工作

图 3-16　生产进度控制流程图

发生各种生产异常，其影响最终体现于生产进度无法按计划进行。跟单员在生产过程中要掌握生产异常情况，进行跟踪工作。发现实际进度与计划进度产生差异时，应及时查找原因。如属进度延误导致影响交货期，除追究责任外，还应要求企业尽快采取各种补救措施，如外包或加班等，如表 3-3 所示。企业采取补救措施后，跟单员应跟踪措施是否有效，如效果不佳，跟单员应要求企业再采取其他补救措施，一直到问题解决。补救措施无效，仍无法如期交货时，跟单员应及时联络并争取取得境外客户的谅解，并请求延迟交货。

表 3-3　生产异常对策表

生产异常内容	异常现象	应对措施
应排产，未排产	影响生产及交货	1. 通知相关部门尽快列入排产计划 2. 告知交货期管理约定
应生产，未生产	影响生产进度及交货	1. 通知相关部门尽快列入车间日生产计划 2. 向相关部门发出异常通知 3. 应至少于生产前 3 天催查落实情况
进程延迟	影响交货进度	1. 通知相关部门加紧生产 2. 查清进程延迟原因，采取对应措施 3. 进程延迟较严重，发出异常通知，要求给予高度重视 4. 每天催查生产落实情况

续表

生产异常内容	异常现象	应用措施
应入库，未入库 应完成，未完成	影响整体交货	1. 查清未入库原因，采取对应措施 2. 通知相关部门加班生产 3. 发出异常通知，要求采取措施尽快完成
次品、不合格 产品增多	影响整体交货	1. 通知相关部门检查设备性能是否符合要求 2. 检查模具、工艺是否符合要求 3. 检查装配流程是否正确 4. 增加补生产备料及发出补生产指令
补生产	影响整体交货	1. 进行成品质量抽查或检查 2. 发出新的补生产指令

二、工作任务实施

【步骤一】　两人一组，模拟工厂跟单员 Jenny 与客户 Anthony 之间沟通大货交期延误的问题，书写往来邮件。

内容要求：说明拖延交期的原因，说明工厂(车间)的实际情况，表明态度，给客户提出解决方案(预期交期)，争取客户的谅解。客户提出空运的要求，Jenny 与客户耐心沟通，客户接受推迟交期 15 天。

【步骤二】　分析客户来函，思考作为跟单员 Jenny 应该如何处理，如何回复客户。

Dear Jenny,

Is there any chance to produce at least 1500 pcs earlier for item 939646 from order 4510145? We would need that qty until the middle of December on hand.

With standard sea shipment this would mean that prod. finish is needed until the end of October or beginning of November, but I guess it is not really feasible for you due to long LT components.

However if we request air shipment the prod. finish for this 1500 pcs would be needed until the end of November. Do you think there is a chance to produce at least this qty until that date?

Thanks and best regards,

Virág

【步骤三】　案例分析，思考遇到以下情况怎么做比较好。

　　10月10日，Jenny接到Y客户的一个订单，也是翻单，50 000个某型号产品。Jenny很快把这个订单转给了供应商。Jenny跟客户确定的交货期是45天，即11月25日完成交货。然而11月5日的时候，工厂通知说，原定交期不能完成了，因为有一个物料买错了(一款塑料的颜色买错了)，需要重新去买，买料要20天的时间。也就是说正确的物料收到是11月25日，然后生产需要8~10天，12月5日才能交货。

　　接到这个消息，Jenny挺崩溃的，因为Y客户对交期规定的非常严格，如果延迟交货，极大可能要求空运。

子任务二　质量跟踪与沟通

【任务描述】

　　Jenny得到生产部QC的通知，由于工人操作不当，新客户TAA公司的订单中一款产品出现一定数量的次品，造成订单短量，Jenny与生产部沟通后发现无法修补，因此补单延误交期不可避免，便立即与Anthony进行沟通。

一、知识要点回顾

　　产品生产过程中经常会出现各种异常情况和大大小小的质量问题，一旦发现产品有质量问题，生产部门要及时通知外贸部门，联合讨论解决方案，因为外贸部门的人员会更清楚客户的要求程度，了解客户的脾气秉性，掌握客户之前对于同类或类似质量问题的容忍度和处理方式等，因此跟单员承担着巨大的衔接、沟通的责任。总体的目的是：第一，不要影响整个生产过程；第二，保证不会影响产品的数量；第三，在正常完成订单数量的同时保证质量，也就是所谓的按时、按质、按量地确保订单顺利完成。

　　作为跟单员要时时掌控，面面俱到，只有这样才能了解生产中的问题。任何一个生产设备或生产线都需要人去操作，不同的只是人工投入的多少而已。无论是人操作还是机器完成，总会出现质量问题。这就需要跟单员能够及时发现问题，轻微的质量问题可以修复，严重的质量问题只能作废产品，重新生产。更关键的是找出问题所在，是偶然的问题，还是机器设备或原料等引起的共性的问题。只有找到原因，才能提出彻底的解决办法，只有了解工厂目前真实的状态，才能有的放矢地同客户进行沟通。

　　如果没有跟踪到位，后期成品检验时发现有很多不良品的时候，要把不良品返给上一个环节(上游部门或工厂)去返修，这种情况就需要花费一定的时间。有时候订单数量很大，而且返修需要耽误很长时间，为了不耽误整个订单的交期，工厂会决定短交这部分返修的数量，整个订单的交期不至于被延迟。这种情况往往需要跟单员提前跟客户协商，看看他们愿意接受整个订单的交期延后，还是接受短交部分数量而整个订单的交期不被延误。此外，对于短交的部分，是否需要重新下补单，还有补单的交期问题也需要协商。

二、工作任务实施

两人一组，模拟工厂跟单员 Jenny 与客户 Anthony 之间沟通订单短量、是否需要补单和延期交货的问题。

【步骤一】　书写邮件。说明产品短量的具体数量及原因(××工序、品质、操作不当等)，表明工厂(车间)的实际情况及态度，给客户提出解决方案(安排补单)，预估补单的出货时间，争取客户的谅解。客户提出空运的要求，甚至要求索赔，Jenny 通过与客户的耐心沟通，让客户接受补单，并推迟交期 15 天。

Dear Anthony,

For our order No.ST03, we regret to tell you that ＿＿＿＿＿＿＿＿＿＿＿＿＿＿＿＿＿＿＿

＿＿＿

＿＿＿

Regards,

Jenny

【步骤二】　模拟双方电话沟通，拍摄视频。在客户方态度强硬、不接受补单和延期交货的情况下，跟单员想办法说服客户接受自己的解决方案。

工作任务四　外包加工跟单

【任务描述】

Jenny 手头有一张女装订单正在慈溪颖光制衣厂进行生产，由于衣服大襟上有大量复杂印花，Jenny 给工厂指定了一个之前合作愉快的印花厂，希望慈溪颖光制衣厂尽快安排将印花环节外包给该工厂加工。

一、知 识 要 点 回 顾

外包(Outsourcing)是指企业动态地配置自身和其他企业的功能和服务，并利用企业外部的资源为企业内部的生产和经营服务。我们习惯上称之为"代工"，即企业将原本在企业内部完成的生产制造活动、职能或流程交给企业外部的另一方来完成。在外包过程中，外包厂(即代工企业)在委托制造企业的要求或指导下处理或完成所需的原物料或零组件的生产。早期，制造企业选择外包主要是由于降低成本的需要，如今生产外包已经成为制造型企业全面提升自身竞争力的一种战略，它能够优化配置企业资源并提升企业的核心竞争力。

从外包的原材料供应类型来看，主要有包工包料和包工不包料两种模式。前者是将整个成品的生产任务外包至其他生产企业，生产企业不仅负责采购原辅材料，而且要按照发包方的工艺要求组织生产加工，发包企业按事先商定的标准进行验收并支付货款；后者是由发包企业提供原材料、辅料、模具等生产要素，其他生产企业只负责生产加工，收取加工费。此外还有成品外包、半成品外包、材料外包、技术外包、某项工艺外包等。

无论是何种类型的外包，发包企业都需要指派专门的跟单员负责对生产企业进行跟单，跟踪质量和交期，必要时还要到生产企业进行实地跟单。外包的一般流程如图 3-17 所示。

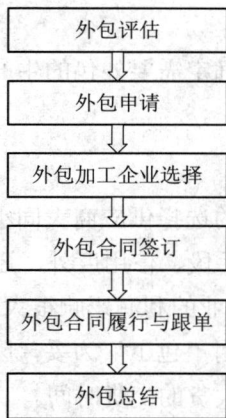

图 3-17 外包流程

(一) 外包评估

根据所需商品的生产工艺和本企业的生产现状，进行比较分析，做出是否需要外包的评估报告。企业选择外包通常有以下原因：

(1) 产能。企业某段时间内接单量较大，生产负荷大于实际产能。

(2) 成本。企业自制的成本大于外包的成本。

(3) 品质。外包可以获得较佳的品质。

(4) 技术。以本企业现有的技术水平无法解决。

(5) 设备。以本企业现有的设备无法解决或要求特殊设备时。

(6) 能源动力。企业无法获得持续的外部能源供应，如遇断电等，导致生产时间耽搁，无法按时完成生产。

(7) 知识产权。接包企业具有生产某一商品的专利技术。

(8) 客商指定。有些订单中客商要求将某些环节交给指定的外包企业完成。

在外贸业务实际操作中，并不是所有生产订单都适宜外包，以下情况应该避免外包：

(1) 原材料较为贵重，不宜进行外包；

(2) 原材料或成品在运输过程中极易破损或变质；

(3) 原材料或成品的体积(重量)过大，会产生大额运费；

(4) 外包数量较少，金额过小，管理成本反而过高；

(5) 外包的成本与自制成本相差无几。

此外，以下情况不应该采取外包：

(1) 有可能泄露本企业的技术与机密；

(2) 对方交货期不能满足本企业要求；

(3) 外包品质达不到本企业要求；

(4) 外包成本大于本企业生产成本；

(5) 成品无法检验，品质不能保证。

(二) 外包申请

跟单员根据上述的评估报告，确定需要外包的生产订单，应该及时提出申请，同时为选择外包加工企业做好前期准备工作。

(三) 外包加工企业的选择

选择外包生产企业与前面提到的选择供应商大同小异，除了加工生产能力、加工生产设备、员工素质、质量意识和控制手段、信用度外，还要考虑以下因素：

(1) 价格。外包价格高低对本企业的利润影响很大，"包工包料"和"包工不包料"时，在不影响成本的前提下，尽可能采用"包工"为妥，因为"包工包料"涉及花费时间确认原材料的问题，从而可能影响整体大货的交货时间。

(2) 数量。数量也是影响价格的主要因素之一，数量少而生产时间急的产品，加工企业可能会增加额外的生产成本，进而抬高承接价格。跟单员要视外包生产企业的生产能力，给予相当(或略低)的生产数量。

(3) 交货期。在确定交货期时要有适当的提前时间，主要是预留办许可证或配额、商检(客检)、保管等所需的一定时间。

(4) 交易条件。如交货地点、运输方式、包装方式、付款方式、违约责任等。

(5) 地域。一般而言，地域相近的接包企业是首选。

(四) 外包合同签订

在确定外包加工企业后，需要依外包的方式不同而与加工企业签订不同内容的合同，并对违约责任予以明确。以下是一份包工不包料的加工合同样本供读者参考。

外包加工合同

编号: TXT264

甲方: 上海美美服饰贸易有限公司　　　　乙方: 苏州服装厂

地址: 上海市中山路 1321 号　　　　　　地址: 苏州市人民路 11 号

电话: (021)65788877　　　　　　　　　电话: (0512)8836420

双方为开展来料加工业务, 经友好协商, 特订立本合同。

第一条　加工内容

甲方向乙方提供加工 <u>全棉色织 T 恤衫 6 000 件</u> 所需的原材料, 乙方将甲方提供的原材料加工成产品后交付甲方。

第二条　交货

甲方在 <u>5</u> 月 <u>22</u> 日向乙方提供 <u>12 600 米</u> 原材料, 并负责运至 <u>苏州</u> 车站交付乙方; 乙方在收到原材料后的 <u>6</u> 月 <u>22</u> 日前将加工后的成品 <u>6 000</u> 件负责运至 <u>吴淞</u>港口交付甲方。

第三条　来料数量与质量

甲方提供的原材料须含 <u>2%</u> 的备损率, 并符合工艺单的规格标准。如甲方未能按时、按质、按量提供给乙方应交付的原材料, 乙方除对无法履行本合同不负责任外, 还将向甲方要求停工待料的损失赔偿。

第四条　加工数量与质量

乙方如未能按时、按质、按量交付加工产品, 应赔偿甲方所受的损失。

第五条　加工费与付款方式

乙方为甲方进行加工的费用为每套人民币 20 元。甲方结汇后 45 天向乙方支付全部加工费。

第六条　运输

乙方将成品运交甲方指定的地点, 运费由乙方负责。

第七条　不可抗力

由于战争和严重的自然灾害以及双方同意的其他不可抗力引起的事故, 致使一方不能履约时, 该方应尽快将事故通知对方, 并与对方协商延长履行合同的期限。对由此而引起的损失, 对方不得提出赔偿要求。

第八条　仲裁

本合同在执行期间, 如发生争议, 双方应本着友好的方式协商解决。如未能协商解决,提请中国上海仲裁机构进行仲裁。

第九条　合同有效期

本合同自签字之日起生效。本合同一式两份，甲乙双方各执一份。

本合同如有未尽事宜，或遇特殊情况需要补充、变更内容，须经双方协商一致。

甲方：(盖章)上海美美服饰贸易有限公司　　　　乙方：(盖章)苏州服装厂

委托代理人：刘通　　　　　　　　　　　　　委托代理人：王芳

2006 年 5 月 21 日　　　　　　　　　　　　　2006 年 5 月 21 日

(五) 外包合同履行与跟单

在合同的履行期间，委托加工方要派出跟单员跟踪生产任务的完成情况，有时还需要到外包加工企业进行实地跟踪和检验。

(六) 外包总结

在完成本次外包任务后，跟单员必须整理资料，进行归档，同时要对此次外包进行总结，评估此次加工企业的优势及不足，以利于再有类似订单时，快速选择外包加工企业。

二、工作任务实施

站在慈溪颖光制衣厂跟单员的角度，订立与 CHT 印花公司的印花外包加工合同，印花效果如图 3-18 所示，具体格式可参考图 3-19 所示的合同样本。

图 3-18　印花效果图

慈溪市颖光制衣有限公司
印花合同

合同编号：YG-QER-057
签订日期：2014.04.14

由　慈溪市颖光制衣有限公司　　分厂（甲方）委托　　QER　　（乙方）印花厂，有关事宜，经双方共同商定，予以执行。

一、生产品种及数量

客户	货号	单位	数量	单价	金额（元）	交货日期	完成日期	备注
巴西	89759	件	427	4	1708	4月21日	4月24日	依样品
合计			427		1708			

二、质量要求：衣片每包30片左右，以包为单位，每包衣片允许出现次品一次，超过一片按次品数量赔偿。双方负责人在交货当时抽样单包数量是否准确，抽查10包。

三、甲方收到衣片后有质量问题的必须在五天内反馈给乙方。

四、按交货期内交货，次品衣片需要补印的，在两天内印好。

五、货款结算方式：以实际交货数量为准开票，印花加工费以每张合同完成后结算。

甲方：慈溪市颖光制衣有限公司＿＿＿＿分厂　　　　乙方：＿＿QER＿＿

代表人：＿＿＿＿＿＿＿　　　　　　　　　　　　代表人：＿＿＿＿＿＿＿

图 3-19　印花合同样本

【实训考核】

按照三人小组进行评分，评分标准如下：

序号	考核项目	分数
1	供应商选择报告的内容完整，评估指标正确	20
2	采购订单信息完整、条款合理，专业英语使用准确	20
3	商务函电书写，订单问题阐述是否全面，理由说明合理，是否给客户提供解决方案	20
4	外包加工合同订立是否准确、合理	20
5	团队协作情况	10
6	电话沟通环节是否顺畅，口语表达情况(加分项，不做全体要求)	10
合计		100

知 识 拓 展

订单跟踪与统计

为了更好地实时跟进所有客户的所有订单的状况，外贸企业跟单员手中往往都会有一张详细完整的统计表，通常使用 EXCEL 格式，如图 3-20 所示。可以将跟单员自己负责的所有客户及订单信息全部罗列出来，如订单日期、合同编号、商品编号、数量、单价、金额、供应商、要求出货日期、实际出货日期、付款情况、生产阶段等。这样一张大表格不仅方便跟单员随时查询订单的主要信息，还可以利用软件自带的功能进行排序、筛选、统计等很多操作。例如可以筛选、统计出近期即将出货的总体数据，如图 3-21 所示。可以统计不同客户的应收账款情况，可以分析出不同产品的销量比较情况，也可以统计出不同跟单员的接单情况等。在参加外贸部例会时，往往要根据主题制作开会明细表，便于领导查看或作简要汇报，这些都是非常实用的操作。

	A	B	C	D	E	F	I	L	M	N	O	Q	R	S
1	跟单员	目的国	订单日期	要求出货日期	实际出货日期	订单联系人	付款情况	合同号	SKU#	ITEM NO	中文名英文名	QTY	单价USD	总金额
26	kelly	英国	9月20日	4月14日	4月13日	Jimmy	已结清	3601433705	011595	1922129	3只不锈钢勺	1500	1.264	1896
27	kelly	英国	9月25日	4月14日	4月13日	Jimmy	已结清	3601422088	011587	1922124	带盖分隔碗套装	1500	1.35	2025
28	kelly	英国	9月25日	4月14日	4月13日	Jimmy	已结清	3601422088	011611	1922125	2013款TPO调羹	1500	0.912	1368
29	kelly	英国	9月25日	4月14日	4月13日	Jimmy	已结清	3601422088	011619	1922126	2013款不锈钢刀叉勺	1500	1.264	1896
30	kelly	英国	9月25日	4月14日	4月13日	Jimmy	已结清	3601422088	011595	1922129	3只不锈钢勺	1500	1.264	1896
31	kelly	法国	10月1日	4月14日	4月14日	Jimmy	已结清	3901436054	053104	1926054	多功能锁	480	0.554	265.92
32	kelly	法国	10月1日	4月14日	4月15日	Jimmy	已结清	3801436054	053104	1926054	多功能锁	960	0.554	531.84
33	Jenny	US	1月10日	4月14日	4月11日	Alex	已结清	9101741092	471760	1920143	狮子乌龟牙刷	9984	0.3	6
34	Jenny	US	1月10日	4月14日	4月11日	Alex	已结清	9101741101	471795	1920145	串珠牙刷	9984	0.61	6090.24
35	Jenny	加拿大	1月21日	4月17日		frank	订金已付、差尾款	348163	606359	1974020	湿巾盒	708	0.451	319.308
36	Jenny	加拿大	1月21日	4月17日		frank	订金已付、差尾款	348163	606073	1921100	奶嘴盒	720	0.381	274.32
37	Jenny	加拿大	1月21日	4月17日		frank	订金已付、差尾款	348163	295876	1926057	插头保护盖	1056	0.714	753.984
38	Jenny	加拿大	1月21日	4月17日		frank	订金已付、差尾款	348163	286843	1926052	橱柜锁	1584	0.842	1333.728
39	Jenny	加拿大	1月21日	4月17日		frank	订金已付、差尾款	348163	296686	1926053	抽屉锁	1800	0.829	1492.2
40	kelly	法国	11月8日	4月21日		Jimmy	订金已付、差尾款	3801470864	033022	1918083	章鱼蟾蟹网袋	360	1.587	571.32
41	kelly	法国	11月8日	4月21日		Jimmy	订金已付、差尾款	3801470864	035667	1918074	海洋动物五套村	720	0.9	648
42	kelly	法国	11月8日	4月21日		Jimmy	订金已付、差尾款	3801470864	033022	1918083	章鱼蟾蟹网袋	720	1.587	1142.64
43	Jenny	US	11月30日	4月21日		Alex	订金已付、差尾款	9101719393	330518	1962094	蜜蜂,飞机牙胶	3000	0.6385	1915.5
44	Emmy	意大利亚	1月28日	4月21日		Ben	订金已付、差尾款	4901572772	026506	1974020	湿巾盒	840	0.451	378.84
45	Emmy	US	2月13日	4月21日		Alex	订金已付、差尾款	9101759397	453940	1941037	蜗牛猴子湿巾盒	14076	0.55	7741.8
46	Emmy	日本	2月15日	4月21日		May	订金未付	46000195785000004038681		1923060H12	简易奶瓶干燥架	1512	0.85	1285.2
47	Emmy	日本	2月15日	4月21日		May	订金未付	47000195785000004038681		1923060H12	简易奶瓶干燥架	1512	0.85	1285.2
48	Jenny	US	2月22日	4月21日		Alex	订金未付	9101763676	109220	1926055H12	NBR大瓶脚	3600	1.175	4230
49	Jenny	US	1月22日	4月28日		Alex	订金未付	9101748219	112124	1923061H12	豪华奶瓶干燥架	3000	1.35	4050

图 3-20 某外贸企业订单统计表

有些公司拥有一套完善的 ERP 系统，录入订单信息或相关的查询工作都可以在系统里完成，通过不同条件的筛选得到相关信息后可以直接导出表格文件，效率更高。

总之，跟单员要养成及时输入订单信息的习惯，随时补充、更新表格中的数据，只有更好地完善这个表格，才能更有效地利用这个表格，使自己的工作事半功倍。

要求出货日期	QTY	总金额	TTL(箱)	总G.W（kg）	总N.W(kg)
4月10日	10116	12020.16	718	2062	1744
4月14日	41568	33822	2156	5013	3197
4月17日	5868	4173.54	349	1057.5	708.5
4月21日	26340	19198.5	1944	5477	3683
4月28日	149778	160051.344	11544	31772	22432
Total	233670	229265.544	16711	45381.5	31764.5

图 3-21　4 月份出货数据统计表

实训项目四

结 算 跟 单

【实训目标】

能够完成与客户或者供应商工厂之间的结算工作，包括在不同结算方式下，如电汇或信用证方式下需要完成的具体任务，能够掌握与客户或工厂结算的时间要求及操作技巧等。

【实训要求】

掌握电汇及信用证等常见结算方式的操作流程，掌握在不同结算方式下涉及的各类单据。能够在适当的时间向客户催要货款，能够依据贸易合同及操作惯例对信用证进行审核，能够与客户沟通修改信用证事宜。同时要求学生具备较强的时间观念、良好的沟通能力及严谨的工作态度。

【实训项目】

在货款的结算方面，对于合同中明确需要预付定金的客户，要掌握好催款的时间和方式，以免耽误大货的生产进行。对于初次交易的新客户，Slann 公司明确规定需要采用信用证结算方式，作为跟单员，Jenny 需要掌握好时间，及时催促客户申请开立信用证，收到信用证后也要负责进行审核，尤其是与交易订单相关的一些主要条款，如果有问题还要同客户沟通，及时进行修改，这些工作都要保证在出货之前完成，以免延误交期。对于工厂方面，也要根据合同规定在恰当的时间完成相关款项的支付工作。

工作任务一　客户结算跟单

子任务一　T/T 电汇方式下的客户结算跟单

【任务描述】

Jenny 手头一张订单是采用"前 T/T"方式的，且需要预付定金，而且由于与该客户合作时间不久，所以公司规定在确认收到客户定金之前，不可以安排工厂生产大货。Jenny 在签约后立即与客户沟通有关定金的支付问题。

一、知识要点回顾

T/T(Telegraphic Transfer)即电汇，是指汇出行应汇款人申请，拍发加押电报、电传或 SWIFT(Society for worldwide interbank financial telecommunications，环球银行间金融通信协会)电文给在另一国家的分行或代理行(即汇入行)指示解付一定金额给收款人的一种付款方式。

T/T 属于商业信用，也就是说付款的最终决定权在客户。虽然这种付款方式有一定的风险，但是费用低，现在在外贸付款方式中很流行。在 T/T 的具体业务操作中主要有前 T/T 和后 T/T 两种方式。

1. 前 T/T

在发货人发货前，付清 100% 货款的，都叫前 T/T。这种付款方式是国际贸易中，相对卖方而言最安全的贸易方式，因为卖方不需要承担任何风险，只要收到钱就发货，没收到钱就不发货。改革开放以来，相当一段时间，我国企业都是使用前 T/T 付款方式作为国际贸易的支付方式。前 T/T 也可以分为很多种灵活的方式，如先付 20%～40% 的定金，后面的 60%～80% 余款出货前付清。具体多少比例，可根据不同情况灵活变通。

2. 后 T/T

后 T/T 是指卖家发完货后，买家付清余款的一种付款方式。如果是 100% 后 T/T 则有较大的风险性，除非是老客户，否则卖方就很被动，有可能钱货两空，付不付款全靠客户的信用，通常针对老客户或者金额比较小时才会这么做。一般来说，后 T/T 模式也比较灵活，通常是客户先付 30% 定金，另外 70% 余款是客户见提单(B/L)复印件付清。当然也有一些是 40% 定金，60% 余款见提单付清。

作为跟单员，首先在前期与客户进行磋商的过程中，就应该根据客户的性质及信誉度、与本公司的合作关系、订单金额的大小等因素，尽量选择对本公司有利的支付交易条件，切不可因为接单心切就贸然接受新客户或大订单的全款后 T/T 的付款方式，给公司留下收款方面的隐患。其次，在审核订单阶段也要把握好支付条款的订立，避免对本公司不利的条款描述。采用 T/T 方式一定要在合同中明确支付的时间及相应的违约责任，最好能够将客户的支付行为与大货生产时间或出货时间联系起来，以便对客户的汇款行为有所约束。例如"定金需在签约后 3 天内进行支付"(Deposit should be paid within 3 days after signing the contract.)，"在收到 30%定金之前不会安排大货生产"(Bulk order can't be arranged until receiving the 30% deposit.)，"收到余款后两天内安排装运"(Goods will be delivered within 2 days after receiving the balance payment.)等。

　　最后，在确认客户定金或余款到账的环节中，往往根据的是客户发来的"水单"，也就是银行汇款底单。如图 4-1 与图 4-2 所示就是一笔订单及其对应的定金支付水单。这时跟单员仍需谨慎对待，应对照双方之间的订单信息，仔细审核水单上面的汇款人、收款人、公司开户银行及账号信息、需支付的具体金额等。考虑到电汇本身的商业信用基础以及目前电脑 PS 的流行，针对一些新客户或合作不久的客户，尤其是大订单时，还是要以财务部门确认的款项到账为准。

DONGYANG JOOBONG SHOES CO., LTD

TO:D██████

69 Xiaokang Road ,Dongyang city,zhejiang,china
Tel:057986813178　Fax:057986813179　mail:neilbuttun@126.com

PROFORMA INOVICE

Ship Date:15/02/2014　　Ship Port: Ningbo port ,China　PACKING: All belowed is polybag packing.

PHOTO	Style NO:	PO NO.	Description	FOB ningbo		BOOT SIZE						total	Amount
						13	1	2	3	4	5		
	DWPFE354	A13448	GIRLS PAUL FRANK HEARTS RAINBOOT	$4.19	PRS	402	603	603	402	201	201	2412	$10,106.28
	PANSY PRINT												

PAYMENT TERMS: 20% payment in advance ,80% balance payment before shipment.

INWARD REMITTANCE FOR USD
BENEFICIARY BANK: BANK OF CHINA , JINHUA BRANCH, DONGYANG SUB-BRANCH
ADDRESS: 86，WUNING EAST RD, DONGYANG, ZHEJIANG, CHINA
SWIFT CODE: BKCHCNBJ92H
BENEFICIARY NAME: DONGYANG JOOBONG SHOES CO.,LTD
ADDRESS:DONGYANG, ZHEJIANG, CHINA
A/C: ██████
TEL:86-57986813178

图 4-1 　雨靴订单

Commonwealth Bank

Commonwealth Bank of Australia
ABN 48 123 123 124 AFSL 234945

Settlement Instructions Confirmation

Value Date:	29/01/2014
Client Name:	▇▇▇▇▇▇▇G

Reference Numbers for the settlement:
7725645

Cashflow Instruction Ref of Settlement Instruction: ▇▇▇▇▇

Status: Processed

Cash Flow Details:	**Amount**	**Settlement Method**
Credit To	2,021.25 USD	Address Book

Beneficiary Bank Details

Bank Name:	BANK OF CHINA
Branch:	JINHUA BRANCH
Bank Code:	▇▇▇▇
Address:	JINHUA
	CN
Account Name:	DONGYANG JOOBONG SHOES CO LTD
Account Number:	▇▇▇▇
Details of Payment:	DEPOSIT

图 4-2　银行汇款底单

二、工作任务实施

站在 Jenny 的角度给客户发一封邮件，阐述公司在定金结算方面的相关规定，提醒客户尽快支付定金，以免耽误大货的生产进而影响交货期。

Dear Alex,

For our order No.067, we want to remind you that _____

_____

_____

Regards,

Jenny

子任务二　L/C 信用证方式下的客户结算跟单

分项任务一　催证

【任务描述】

Jenny 给第一次合作的西班牙客户写一封邮件，催促对方尽快安排申请开立信用证的问题。

审核及修改信用证

一、知识要点回顾

在使用信用证方式结算货款的交易中，落实信用证是履行合同过程中不可或缺的主要环节。落实信用证主要包括催证、审证和改证三项内容。首先按时开立信用证是买方的一项义务，但在实际业务中，国外进口商在市场发生变化或资金发生短缺的情况时，往往会拖延开证。对此，为保证按时履行合同，卖方有必要在适当的时候，提醒买方按合同规定开立信用证，催促买方迅速办理开证手续。特别是大宗商品交易或应买方要求而特制的商品交易，更应结合备货情况及时进行催证。

催证就是出口商通知或催促国外进口商按照合同内容，迅速通过银行开立信用证，以便出口商能将货物及时装运。

买方按约定的时间开证是卖方履行信用证方式付款合同的前提条件，对于大宗交易或按买方要求而特别定制的商品交易，买方及时开立信用证尤其重要，否则卖方为防买方违约，无法准时组织货源和安排生产，轻者造成不能及时出货，重者市场行情发生变化，货物销售不出去，严重影响企业的持续经营。

正常情况下，买方信用证最少应在货物装运期前 15 天开到卖方手中。对于资信情况不是很了解的新客户，原则上坚持要求在装运期前 30 天或 45 天，甚至更长的期限内开到卖方手中，出口商可结合生产加工期限和客户的情况灵活掌握信用证的开证日期，出口商应及时掌握买方的开证情况。

以下是几种常见的需要催证的情况：

(1) 合同规定的装运期距合同签订的日期较长，或合同规定买方应在装运期前一定时间开出信用证。

(2) 卖方提早将货备妥，可以提前装运，可与买方商议提前交货。

(3) 买方没有在合同规定期限内开出信用证。

(4) 买方信誉不佳，故意拖延开证，或因资金等问题无力向开证行交纳押金。

(5) 签约日期和履约日期相距较长，应在合同规定开证日之前，去信表示对该笔交易的重视，并提醒买方及时开证。

(6) 一些生产型的企业，可以规定在收到信用证后再垫资采购原材料投产，以确保日后货款顺利收取，这时可提醒买方尽早开立信用证。

二、工作任务实施

写一封向客户催证的邮件，注意要阐述催证的理由，同时说明对 L/C 种类的具体要求。

Dear Alex,

For our order No.067, we want to draw your attention that we have not received the relevant L/C,

_____

_____

Regards,

Jenny

分项任务二 审证

【任务描述】

Jenny 收到了西班牙客户开来的信用证，找出与交易条件不符或者本身不合理的条款。

一、知识要点回顾

信用证是一种银行信用的保证文件，但银行的信用保证是以受益人提交的单据符合信用证条款为条件的，所以，开证银行的资信、信用证的各项内容，都关系着收汇的安全。信用证是依据合同开立的，信用证的内容与合同条款应该一致。但是在实际操作中，往往会出现开立的信用证条款与合同规定不符的情况，为确保收汇和合同的顺利执行，银行及出口企业收到国外客户通过银行开立的信用证后，应立即对其进行认真的核对和审查。银行着重审核开证行的资信能力、付款责任、索汇路线等方面的内容。出口商则着重审核信用证内容与买卖合同是否一致。

信用证项下作为受益人的出口商面临的主要风险有:

(1) 进口商不按合同规定开证。信用证是银行根据开证申请人(即进口商)的要求或指示开立的。信用证的条款应与买卖合同一致。但在实际业务中进口商不依照合同开证,使合同的执行出现困难,或者使出口商遭受额外损失的情况亦很多见。例如,进口商不按期开证或不开证,进口商在信用证中变更一些条件或增加对其有利的条款,以达到企图变更合同的目的等。

(2) 进口商伪造信用证诈骗。有些进口商伪造信用证,例如,窃取其他银行已印好的空白格式信用证,或与已倒闭或濒临破产的银行的职员恶意串通开出信用证,或将过期失效的信用证恶意涂改。有些进口商变更原证的金额,装船期和受益人名称,伪造保兑信用证,即进口商在提供假信用证的基础上,为获得出口方的信任,蓄意伪造国际大银行的保兑函,若出口商警惕性不高,将遭受货款两空的损失。

(3) 开证行的信用风险。信用证作为一种银行信用,在受益人提交了与信用条款完全一致的单据的情况下,开证行对之承担首要的付款责任。在外贸实际业务中,由于开证行信用较差所导致的收汇困难也不乏其例。开证行能否付款还会受到进口国的国家或政府管制的影响。如进口国家国际收支困难,缺乏外汇储备,阻碍开证行支付货款外汇,或延误支付。受益人想减轻这种风险,可以要求受益人所在出口国的银行开立保兑信用证。

(4) 进口商故意设置"软条款"。所谓信用证中的"软条款",指信用证中加列各种条款致使信用证下的开证付款与否不取决于单证是否表面相符,而取决于第三者的履约行为。开证申请人通过制定"软条款",在一定程度上限制着银行的第一付款人地位,从而大大降低了银行的信用程度。信用证中的"软条款"使名义上不可撤销的信用证,实际上成为可撤销的。

综上,卖方收到信用证后,应立即对其内容进行审核。审核的主要内容如下:

(1) 开证行的资信状况。开证银行本身的资信应与其所承担的信用证付款责任相符。特别对于实行外汇管制、国际支付能力薄弱或国内金融秩序混乱的国家的银行开出的信用证,更应重视审核该银行的资信状况。在我国,由我方银行作为通知行时,除核对信用证签名的真实性外,还承担审核开证行资信的道义上的责任。

(2) 信用证的金额。信用证的金额应与合同一致。若合同上订有溢短装条款,则信用证金额也应有相应的机动条款。

(3) 装运期。信用证中规定的最迟装运日期一般会比合同中的出货时间晚几天。运输单据的出单日期或上面加注的装船、启运日期,不得迟于最迟装运日期。

(4) 信用证还应规定一个在货物装运后必须向银行交单要求付款、承兑或议付的日期,即交单期。规定的交单期应为受益人装运后制单留出充分的时间,如信用证未规定交单期,则理解为应在实际装运日(运输单据出单日期)之后 21 天内必须交单。受益人必须在交单期内交单，无论如何不得迟于信用证到期日。

(5) 信用证还必须规定一个到期日和到期地点，即受益人必须在规定的到期日，在到期地点向银行交单要求议付、承兑或付款。没有规定到期日的信用证为无效信用证。实务中，到期日应与最迟装运日期有一个合理的间隔，以便受益人有充分时间制单交单，通常为 7～15 天；到期地点应在议付地，即在出口地到期，否则由于银行审单和邮递过程都需要时间，受益人将难以把握及时交单。

(6) 信用证有无限制性或保留条款。信用证中的这类条款有合理的，也有不合理的。合理的条款如信用证中规定"开证申请人取得进口许可证才能生效"或"本证仅在受益人开具回头信用证并经本证申请人同意接受后才生效"，对于这类信用证，受益人必须等到所附条件满足并取得有关文件后，即信用证生效后才能交货。还有一类条款则是不合理的，带有明显的欺诈性，如规定受益人提交的单据中要包括"由买方签发的提货证明"或"检验证书应由申请人授权的签字人签字"。这类信用证实际上受申请人或其代理人控制，受益人收款没有保障，故不应接受。

如图 4-3 所示为某 SWIFT 信用证 46A Documents Required 条款中一部分内容。不难看出，这样的一种限制性单据条款使进口方利益得到保障，推荐买方参考使用，相反作为出口商的跟单员，则应在前期磋商过程中与客户进行沟通，以其他方式消除买家对商品质量问题的顾虑，以免日后由于难以取得买家签章的单据而影响交单收汇。

```
PART B:THE BALANCE 10PCT OF CIF VALUE(I.E.USD1,269.00) WILL BE
PAID AGAINST SIGHT DRAFT ACCOMPANIED BY FOLLOWING DOCUMENTS:
1.SIGNED COMMERCIAL INVOICE IN 1 ORIGINAL INDICATING L/C NO. AND
CONTRACT NO.YKSB200601-004,TO BE PRESENTED WITHIN 180 DAYS AFTER
DATE OF SHIPMENT.
2.THE QUALITY ACCEPTANCE CERTIFICATE SIGHED BY BOTH PARTIES
WHOSE SIGNATURE SHOULD BE IN CONFIRMITY WITH THAT HELD BY
ISSUING BANK,TO BE PRESENTED WITHIN 180 DAYS AFTER DATE OF
SHIPMENT.
```

图 4-3 Documents Required 条款中一部分内容

(7) 信用证的性质，如不可撤销，是否保兑；汇票的付款人和付款日期；信用证对货物的描述；装运条件；保险条款以及所需单据等，都应和合同及惯例的规定相一致。

以上为审核信用证时应注意的要点。此外，对于开证行在信用证中出现的各种疏漏错误，也应仔细审核，以确保受益人能做到单证一致，安全收汇。

二、工作任务实施

根据以下所给的 PI(如图 4-4 所示)审核客户的信用证(如图 4-5、图 4-6 所示)，找出其中不合理的条款，填写信用证存在问题统计表，如表 4-1 所示。

NINGBO HANSHANG HYDRAULIC CO., LTD.

118 QIANCHENG ROAD, ZHENHAI, NINGBO CITY, ZHEJIANG PROVINCE, 315207, CHINA

TEL:+86-574-86361966   FAX:+86-574-86361266
URL:WWW.NSHPV.COM   E-MAIL:ZSJ@NSHPV.COM

PROFORMA   INVOICE

To:Mecanismos Automaticos Industriales SL | P/I NO.: HSY090802
VAT No. B-28.676.393 | DATE: AUG.2, 2009
C/ Camelia, 16 - 28970 Humanes de Madrid (Madrid) Spain
Tel. 91 6906949 Fax. 91 6905716
Contact:Cristina Sedano

NO.	ITEM NO.	DESCRIPTION	QUANTITY	UNIT	UNIT PRICE (USD FOB NINGBO)	AMOUNT (USD)
1	4WE 6 J 60/W220 N Z5L		3000	PCS	24.96	74880
2	PARTS OF HYDRAULIC VALVES		100	PCS	4.83	483

TOTAL AMOUNT: | US$ 75363.00

REMARK:
TOTAL VALUE:SAY U.S DOLLAR SEVENTY-FIVE THOUSAND THREE HUNDRED AND SIXTY-THREE ONLY.

PAYMENT:10% T/T IN ADVANCE. 90% BY LC

LABEL:"MAIN"

OUR BANK DETAILS;
Beneficiary Bank: BANK OF CHINA, ZHENHAI SUB-BRANCH
Beneficiary: NINGBO HANSHANG HYDRAULIC CO., LTD.
Account No. : 813063651408095014
Swift : BKCHCNBJ92A
BANK Tel No. : 0086-574-86255441

BUYER'S SIGNATURE   SELLER'S SIGNATURE

图 4-4　形式发票

中国银行 股份有限公司
BANK OF CHINA LIMITED

BANK OF CHINA ZHENHAI SUB-BRANCH   ZH03
ADDRESS: NO.369 CHENGHE WEST- ROAD, ZHENHAI,
NINGBO,CHINA

TELEX: 37099 BOCZH CN
FAX:0574-86275838

信用证通知书
NOTIFICATION OF DOCUMENTARY CREDIT

TEL :0574-86275838   2009/09/01

TO 致: 6365140	如需垂询或协助请引我编号→	AD92A09F00595
NINGBO HANSHANG HYDRAULIC CO.,LTD. YUFAN,ZHENHAI DISTRICT, NINGBO,CHINA.	PLEASE QUOTE OUR REF. NO. 如有查询或需协助，欢迎致电86275838 注意:贵司交单议付请附客户交单委托书并挑要填写, 如需押汇请附押汇申请书　　顺祝!	
ISSUING BANK 开证行 8000641 BANCO SANTANDER S.A.MADRID	TRANSMITED TO US THROUGH 转 递行 8000648 BANCO SANTANDER,S.A HONG KONG BRANCH(HEAD OFFICE IN HONG KONG) REF NO: ELC0029031406/09	

L/C NO. 信用证号 5494BTY148463	DATED 开证日期 2009/08/28	AMOUNT 金额 USD67,826.70	EXPIRY PLACE 有效地 FOREIGN
EXPIRY DATE 效期 2009/09/25	TENOR 期限 30 DAYS	CHARGE 未付费用 RMB200.00	CHARGE BY 费用承担人 BENE
RECEIVED VIA 来证方式 SWIFT	AVAILABLE 是否生效 VALID	TEST/SIGN印押是否相符 YES	CONFIRM 我行是否保兑 NO

DEAR SIRS, 迳启者:
WE HAVE PLEASURE IN ADVISING YOU THAT WE HAVE RECEIVED FROM THE A/M BANK A(N) **LETTER OF CREDIT**, CONTENTS OF WHICH ARE AS PER ATTACHED SHEET(S).
THIS ADVICE AND THE ATTACHED SHEET(S) MUST ACCOMPANY THE RELATIVE DOCUMENTS WHEN PRESENTED FOR NEGOTIATION.
敬通知贵司, 我行收自上述银行信用证一份, 现随附通知, 贵司交单时, 请将本通知书及信用证一并提示。

REMARK 备注:
   PLEASE NOTE THAT THIS ADVICE DOES NOT CONSTITUTE OUR CONFIRMATION OF THE ABOVE L/C NOR DOES IT CONVEY ANY ENGAGEMENT OR OBLIGATION ON OUR PART.

THIS L/C CONSISTS OF   SHEET(S),INCLUDING THE COVERING LETTER AND ATTACHMENT(S).
本信用证连同面函及附件共　　纸。

IF YOU FIND ANY TERMS AND CONDITIONS IN THE L/C WHICH YOU ARE UNABLE TO COMPLY WITH AND OR ANY ERROR(S), IT IS SUGGESTED THAT YOU CONTACT APPLICANT DIRECTLY FOR NECESSARY AMENDMENT(S) SO AS TO AVOID ANY DIFFICULTIES WHICH MAY ARISE WHEN DOCUMENTS ARE PRESENED.
如本信用证中有无法办到的条款及/或错误, 请迳与开证申请人联系, 进行必要的修改, 以排除交单时可能发生的问题。

THIS L/C IS ADVISED SUBJECT TO THE APPLICABLE UCP RULES (ISSUED BY THE ICC) AS STIPULATED IN THE CREDIT.
本信用证之通知系遵循信用证提及的国际商会跟单信用证统一惯例。

YOURS FAITHFULLY,
FOR BANK OF CHINA

图4-5　信用证通知书

ADVICE OF A THIRD BANK'S DOCUMENTARY CREDIT

APPLICATION HEADER   0 710 1126 090831 BSCHHKHHAXXX 8241 621584
090831 1126 N

                            * BANCO SANTANDER S.A. HONG KONG

                            * BRANCH

                            * HONG KONG

                            * (HEAD OFFICE IN HONG KONG)

USER HEADER   SERVICE CODE   103:

                       BANK. PRIORITY   113:

                       MSG USER REF.   108:

                       INFO.FROM CI   115:

SEQUENCE OF TOTAL   * 27   : 1 / 1

FORM OF DOC. CREDIT   * 40 B   : IRREVOCABLE

                                  WITHOUT OUR CONFIRMATION

SENDER'S REF.   * 20   : ELC0029031406/09

DOC. CREDIT NUMBER   * 21   : 5494BTY 148463

DATE OF ISSUE   * 31C : 090828

APPLICABLE RULES   * 40B : UCP LATEST VERSION

                               /

EXPIRY   * 31D : DATE 090925 PLACE SPAIN

ISSUING BANK   52A   : BSCHESMMXXX

                            * BANCO SANTANDER S.A.

                            * MADRID

                            * (ALL SPAIN BRANCHES)

APPLICANT   * 50   : MECANISMOS AUTOMATICOS INDUSTRIALES

                             S.L., CL CAMELIA 16

                             28970 HUMANES DE MADRID

                             SPAIN

BENEFICIARY   * 59   : NINGBO HANSHANG HYDRAULIC CO., LTD

                             118 QIANCHENG ROAD, ZHENHAI,

                             NINGBO CITY, ZHEJIANG PROVINCE,

                             315207 CHINA

AMOUNT   * 32B   : CURRENCY USD AMOUNT 67,826.70

POS./NEG. TOL.(%)   39A   :10/10

AVAILABLE WITH/BY   * 41A   : BSCHESMMXXX

                            * BANCO SANTANDER S.A.

                            * MADRID

                          * (ALL SPAIN BRANCHES)

S.W.I.F.T.

BY DEF PAYMENT

DEFERRED PAYM. DET.	42P	: 30 DAYS AFTER RECEPTION OF THE GOODS
PARTIAL SHIPMENTS	43P	: PROHIBITED
TRANSSHIPMENT	43T	: ALLOWED
PORT OF LOADING	44 E	: NINGBO PORT, CHINA
PORT OF DISCHARGE	44 F	: ANY SPANISH PORT, FINAL DESTINATION

HUMANES DE MADRID (SPAIN)

LATEST DATE OF SHIP.   44 C   : 090915

DESCRIPT. OF GOODS   45 A   :

+ 3,000 ELECTROVAL VULAS Y 100 COILS.

+ DELEVERY TERMS: FOB NINGBO PORT, CHINA

DOCUMENTS REQUIRED   46A   :

1. FULL SET OF BILL OF LADING, CLEAN ON BOARD, CONSIGNED TO THE ORDER AND BLANK ENDORSED, NOTIFY TO APPLICANT (WITH FULL NAME AND ADDRESS), MARKED FREIGHT COLLECT.

2. SIGNED AND STAMPED COMMERCIAL INVOICE, TO NAME OF MECANISMOS AUTOMATICOS INDUSTRIALES S.L. IN 2 ORIGINALS AND 2 COPIES.

3. CERTIFICATE OF ORIGIN, IN ORIGINAL AND COPY.

4. SIGNED AND STAMPED PACKING LIST.

5. COPY OF FAX SENT BY THE BENEFICIARY TO THE APPLICANT (FAX N.: + 34 91 304 32 10)

PRIOR SHIPMENT DATE INDICATING FULL SHIPMENT DETAILS FOR INSURANCE PURPOSES.

FAX REPORT MUST BE TTACHED.

ADDITIONAL COND.   47A   :

+ DISCREPANCY FEE OF EUR 100.00 WILL BE DEDUCTED FROM THE PROCEEDS ON EACH SET OF DOCUMENTS PRESENTED WITH DISCREPANCY/IES.

+ 10PCT MORE OR LESS IN QUANTITY AND AMOUNT IS ACCEPTABLE

+ SANTANDER S.A. HONG KONG IS PLEASED TO OFFER THE DISCOUNT OF EXPORT BILLS UNDER THIS LC UPON ACCEPTANCE BY THE ISSUING BANK. PLEASE REQUEST YOUR BANK TO INDICATE CLEARLY THE DISCOUNTING INSTRUCTION IN THE COLLECTION ORDER SENT TOGETHER WITH THE EXPORT BILLS. IN CASE YOU NEED FURTHER CLARIFICATION YOU CAN CONTACT MS SYLINA WONG AT: +852 2101 2184.

DETAILS OF CHARGES   71 B   : ALL BANKING CHARGES OF THIS LC,

INCLUDING REIMBURSEMENT CHARGE, IF

ANY, ARE FOR APPLICANT'S ACCOUNT.

PRESENTATION PERIOD   48 : DOCUMENTS MUST BE PRESENTED WITHIN 10

DAYS AFTER SHIPMENT DATE

AND WITHIN VALIDITY TERMS OF THIS CREDIT.

CONFIRMATION   * 49 : WITHOUT

INSTRUCTIONS   78 :

BANK SANTANDER S.A. HONG KONG HOLDS SPECIAL

REIMBURSEMENT INSTRUCTIONS.

PRESENTING BANK WILL BE FULLY RESPONSIBLE FOR THE

CONSEQUENCES OF SENDING DOCUMENTS TO THE WRONG

ADDRESS.

ALL DOCS DRAWN UNDER THIS LC MUST BE PRESENTED TO US

THROUGH THEM AT: BANK SANTANDER S.A. HONG KONG,ROOM

1501, ONE EXCHANGE SQUARE, 8 CONNAUGHT PLACE, CENTRAL,

HK BY COURIER SERVICE.

SEND. TO REC. INFO.   72 : BANK OF CHINA

ZHENHAI SUB-BRANCH

SWIFT: BKCHCNBJ92A

TRAILER   ORDER IS <MAC:><PAC:><ENC:><CHK:><THG:><PDE:>

MAC:26EAE02C

CHK:6025D075BEBC

图 4-6　信用证正文

表 4-1　信用证存在问题统计表

信用证存在的问题	应当如何进行修改	要求修改信用证的理由

分项任务三　改证

【任务描述】

Jenny 给客户发邮件沟通信用证审核的结果以及要求进一步修改的问题，并对信用证修改件再次进行审核。

一、知识要点回顾

修改信用证，是对已经开立的信用证中的某些条款进行修改的行为。在实际业务中，出口企业对信用证进行全面细致的审核，发现问题时，通常还应区别问题的性质进行处理，有的还须同银行、运输、保险、检验等有关部门取得联系共同研究后，方能作出妥善的决策。一般说来，凡是属于不符合我国对外贸易方针政策，影响合同履行和收汇安全的问题，必须要求国外客户通过开证行修改，并坚持在收到银行修改信用证通知书后才可装运货物；对于可改可不改的，或经过适当努力可以做到的，则可酌情处理。一份信用证中有多处条款需要修改的情形是常见的。对此，应做到一次向开证人提出，否则，不仅增加双方的手续和费用，而且对外影响也不好。其次，对于收到的任何信用证修改通知书，都要认真进行审核，如发现修改内容有误或买方不能同意的，买方有权拒绝接受，但应及时作出拒绝修改的通知送交通知行，以免影响合同的顺利履行。

一份规范的改证函主要包括三方面内容：

(1) 感谢对方开来信用证；

(2) 列明不符点，并说明如何修改；

(3) 感谢对方合作，并希望信用证修改书早日开到。

常 用 语 句

- Thank you for you L/C No.SG99WE34 issued by West Country Bank, Los Angeles Branch dated February 5, 2000.
- We are very pleased to receive your L/C No.YUC9022 established by the National Bank of Bangladesh dated March 1, 2001 against S/C No.98DXB15.
- However, we are sorry to find it contains the following discrepancies.
- But the following points are in discrepancy with the stipulations of our S/C No. ERT12.
- As to the description of the goods, please insert the "red" before "sun".
- Please delete the clause "the invoice evidences that the goods are packed in wooden cases," and insert the wording "the invoice evidences that the goods are packed in seaworthy cartons."
- Please amend the amount in figure to US$78,450.00.
- The expiry date should be February 15, 2001 instead of February 5, 2001.
- Please extend the shipment date and the validity of the L/C to March 15, 2001 and March 30, 2001 respectively.
- Thank you for your kind cooperation. Please see to it that the L/C amendment reaches us within next week, otherwise we cannot effect punctual shipment.

对信用证修改内容的接受或拒绝有两种表示形式：

(1) 受益人作出接受或拒绝该信用证修改的通知；

(2) 受益人以行动按照信用证的内容办事。

受益人收到信用证修改件后，应及时检查修改内容是否符合要求，并分别根据情况表示接受或重新提出修改，需注意以下几点：

(1) 对于修改内容只能全部接受，或者全部拒绝，部分接受修改内容是无效的。

(2) 信用证修改必须通过原信用证通知行才真实，有效；客人直接寄送的修改申请书或修改书复印件是无效的。

(3) 明确修改费用由哪一方承担，一般按照责任归属来确定修改费用由哪一方承担。

二、工作任务实施

【步骤一】　写一封邮件，就信用证审核出来的问题与客户进行沟通，并提醒客户及时到开证行进行修改，以免延误交期。

Dear Alex,

After checking the credit, we found that ＿＿＿＿＿＿＿＿＿＿＿＿＿＿＿＿

＿＿＿＿＿＿＿＿＿＿＿＿＿＿＿＿＿＿＿＿＿＿＿＿＿＿＿＿＿＿＿＿＿＿

＿＿＿＿＿＿＿＿＿＿＿＿＿＿＿＿＿＿＿＿＿＿＿＿＿＿＿＿＿＿＿＿＿＿

＿＿＿＿＿＿＿＿＿＿＿＿＿＿＿＿＿＿＿＿＿＿＿＿＿＿＿＿＿＿＿＿＿＿

In order to avoid any delay in shipment, we hope that you can ＿＿＿＿＿＿＿

＿＿＿＿＿＿＿＿＿＿＿＿＿＿＿＿＿＿＿＿＿＿＿＿＿＿＿＿＿＿＿＿＿＿

＿＿＿＿＿＿＿＿＿＿＿＿＿＿＿＿＿＿＿＿＿＿＿＿＿＿＿＿＿＿＿＿＿＿

Many thanks for your cooperation!

Regards,

Jenny

【步骤二】　审核对应的信用证修改件，如图 4-7 和图 4-8 所示，确认接受或拒绝，并通过邮件与客户确认。

Dear Alex,

We have received the amendment of credit, after checking ＿＿＿＿＿＿＿＿

＿＿＿＿＿＿＿＿＿＿＿＿＿＿＿＿＿＿＿＿＿＿＿＿＿＿＿＿＿＿＿＿＿＿

＿＿＿＿＿＿＿＿＿＿＿＿＿＿＿＿＿＿＿＿＿＿＿＿＿＿＿＿＿＿＿＿＿＿

Many thanks for your cooperation!

Regards,

Jenny

中国银行股份有限公司
BANK OF CHINA LIMITED

NINGBO BRANCH , ZHENHAI SUB-BRANCH   ZH03
ADDRESS: NO.369 CHENHE WEST-ROAD, ZHENHAI,
NINGBO,CHINA.

TELEX: 37099 BOCZH CN

SWIFT: BKCHCNBJ92A

修 改 通 知 书
NOTIFICATION OF AMENDMENT

FAX: 0574-86275838 TEL: 0574-86275838   2009/09/07

TO 致: 6365140	如需垂询或协助请引我编号 →	AD92A09F00595
NINGBO HANSHANG HYDRAULIC CO.,LTD YUFAN,ZHENHAI DISTRICT, NINGBO,CHINA.	PLEASE QUOTE OUR REF. NO. 如有查询或需协助,欢迎致电86275838 注意:贵司交单议付请附客户交单委托书并扼要填写. 如需押汇请附押汇申请书 顺祝!	
ISSUING BANK 开证行 8000641	TRANSMITTED TO US THROUGH转递行	
BANCO SANTANDER CENTRAL HISPANO S.A. (BANCO SANTANDER S.A.,)MADRID	REF NO.	

L/C NO 信用证号 5494BTY148463	L/C DATED 开证日期 2009/08/28	L/C TTL AMT 总金额 USD67,826.70	EXPIRY PLACE 有效地 FOREIGN
EXPIRY DATE 效期 2009/10/20	TENOR 期限 30 DAYS	CHARGE 未付费用 RMB 300.00	CHARGE BY 费用承担人 BENE
RECEIVED VIA 修改方式 SWIFT	AVAILABLE 修改是否生效 VALID	TEST/SIGN 修改印押是否相符 YES	CONFIRM 我行是否保兑修改 NO
AMEND NO 修改次数 1	AMEND DATE 修改日期 2009/09/03	INCREASE AMT 增额 USD0.00	DECREASE AMT 减额 USD0.00

DEAR SIR,运启者:
WE HAVE PLEASURE IN ADVISING YOU THAT WE HAVE RECEIVED FROM THE A/M BANK A(N) **AMENDMENT** TO THE CAPTIONED L/C,CONTENTS OF WHICH ARE AS PER ATTACHED SHEET(S).
敬通知贵公司,我行自上述银行收到修改一份,内容见附件.
THIS AMENDMENT SHOULD BE ATTACHED TO THE CAPTIONED L/C ADVISED BY US, OTHERWISE, THE BENEFICIARY WILL BE RESPONSIBLE FOR ANY CONSEQUENCES ARISING THEREFROM.
本修改须附于有关信用证,否则,贵公司须对因此函产生的后果承担责任.

REMARKS 备注:

THIS AMENDMENT CONSISTS OF   SHEET(S),INCLUDING THE COVERING LETTER AND ATTACHMENTS.
本修改连同面函及附件共   纸.
KINDLY TAKE NOTE THAT THE PARTIAL ACCEPTANCE OF THE AMENDMENT IS NOT ALLOWED.
本修改不能部分接受.
THIS AMENDMENT IS ADVISED SUBJECT TO THE APPLICABLE UCP RULES (ISSUED BY THE ICC) AS STIPULATED IN THE CREDIT.
本信用证之通知系遵循信用证提及的国际商会跟单信用证统一惯例.

YOURS FAITHFULLY,
FOR **BANK OF CHINA**

图 4-7 信用证修改通知书

APPLICATION HEADER 0 707 1021 090904 BSCHHKHHAXXX 8244 625073 090904 1021 N

                              ＊BANCO SANTANDER S.A. HONG KONG
                              ＊BRANCH
                              ＊HONG KONG
                              ＊(HEAD OFFICE IN HONG KONG)

USER HEADER	SERVICE CODE	103:
	BANK. PRIORITY	113:
	MSG USER REF.	108:
	INFO.FROM CI	115:
SENDER'S REF.	＊ 20	: ELC0029031406/09
RECEIVER'S REF.	＊ 21	: NONREF
ISSUING BANK'S REF.	23	: 5494BTY148463
ISSUING BANK	52A	: BSCHESMMXXX

                              ＊BANCO SANTANDER S.A.
                              ＊MADRID
                              ＊(ALL SPAIN BRANCHES)

DATE OF ISSUE	＊ 31C	: 090828
DATE OF AMENDMENT	30	: 090903
NUMBER OF AMENDMENT	26E	: 01
BENEFICIARY	＊ 59	: NINGBO HANSHANG HYDRAULIC CO., LTD

                              118 QIANCHENG ROAD, ZHENHAI,
                              NINGBO CITY, ZHEJIANG PROVINCE,
                              315207 CHINA

NEW DATE OF EXPIRY	31E	: 091020
LATEST DATE OF SHIP.	44 C	: 090926

＊ ＊ REPEATABLE SEQUENCE 001 ＊ ＊ ＊ ＊ ＊ ＊ ＊ ＊ ＊ OCCURRENCE 00001

NARRATIVE	79	:

                        + PLEASE , IN FIELD 42 P, SHOULD READ:
                        30 DAYS AFTER RECEIVED DOCUMENTS IN OUR COUNTERS.
                        + PLEASE, IN FIELD 48, WHERE IT SAYS:
                        · · · 10 DAYS · · ·
                        IT SHOULD SAY:
                        · · · 20 DAYS · · ·
                        + PLEASE, IN FIELD 31 D, SHOULD READ:
                        20.10.2009 CHINA
                        + ALL TERMS AND CONDITIONS REMAIN UNCHANGED
                        PLEASE, ADVISE BENEFICIARY URGENTLY

TRAILER	ORDER IS <MAC:><PAC:><ENC:><CHK:><THG:><PDE:>
	MAC: 3F3E8C8D
	CHK: D880536C836A

图 4-8　信用证修改正文

工作任务二 工厂结算跟单

【任务描述】

Jenny 与合作的工厂签订大货生产(采购)订单后，要负责跟踪与工厂之间的货款结算问题。要把与工厂之间沟通的结果正确反馈到财务部门，并协助财务部门做好款项的支付及索要发票等工作。

一、知识要点回顾

目前，外贸公司在国内向工厂采购多以人民币支付，并要求开增值税发票。作为跟单员要根据合同的具体规定，掌握好时间与财务部门沟通，完成相关定金和余款的支付工作。尤其是定金支付时间与大货生产或发货时间有关联的时候，切勿因为支付延误而影响了大货生产或出货时间。通常国内汇款后，会有相应的底单或回单，目前网上转账情况下还会有相应的电子回单，如图 4-9 所示，跟单员可第一时间发给工厂接洽人员确认。

中国银行 BANK OF CHINA 中国银行网上银行电子回单 BOC Internet Banking Payment Advice

提交日期：2013/05/02 Submitting Date	交易日期：2013/05/02 Transaction Date	打印日期：2013/05/02 Printing Date

付款人 Payer	付款人 Payer	███ 有限公司	收款人 Beneficiary	收款人 Beneficiary	绍兴市 ███ 纺织品有限公司
	付款账号 Debit A/C No.	802███7708091001		收款账号 Bene. A/C No.	40███39608
	开户银行 A/C Bank	中国银行 ███ 弯支行		开户银行 A/C Bank	中国银行绍兴东浦支行

金额 Amount	人民币元（大写）：伍仟贰佰贰拾柒元伍角 CNY (in uppercase) （小写）：5,227.50 (in lowercase)	
客户申请号 Bank Ref.	1331664597	业务种类 Transaction Type 转账汇划
客户业务编号 Customer Ref.		
用途 Purpose	ANDY	
银行摘要 Abstract		
备注 Supplementary Note	费用：人民币元 0.00	

图 4-9 网上银行电子回单

除了款项的支付外，很重要的还有跟踪发票的相关事宜。跟单员要提前将正确完整的开票资料发给工厂，并确认好相应的金额。错开发票或遗失发票都是比较麻烦的事情，要求跟单员谨慎对待。通常定金部分无需特别开票，等款到发货后根据实际出货金额开具全额发票即可。

　　同时，跟单员最好自行扫描留存一份电子版归档，或者以统计表格的形式记录每次的发票号码和金额。

二、工作任务实施

　　根据如下外贸公司与工厂之间的购销合同(如图4-10所示)和工厂实际出货的码单(如图4-11所示)，审核工厂寄来的增值税发票(如图4-12所示)，并处理工厂的回执(如图4-13所示)。

购销合同

卖方：＿＿＿＿方织品有限公司＿＿＿＿　　　　合同编号：XC20130424

买方：＿＿＿＿出口有限公司＿＿＿＿　　　　合同履行地：卖方

第一条　标的、数量、价款：　　　　　　　　签订时间：2013年4月24日

产品名称	规格	单价	数量	金额	备注
全涤双面布	100%全涤 成品门幅：净160厘米 成品克重：125克每平米 注：门幅允许±5cm， 克重允许±10g	24.5元/千克	藏青色：450千克 大红色：200千克 注：数量±10%	15925元	300千克以下收小单费1500元。 交期：定金到帐后25-30天
合计			650千克	17425元	

合计金额（大写）：壹万柒仟肆佰贰拾伍元整　　　　　　　　（按实际数量结算）

第二条　质量要求及技术标准：按行业标准。

第三条　付款方式：合同签订之后，买方预付30%定金，余下70%款到发货。

第四条　提货地点及方式：由卖方负责运输交给买方，如买方拒绝收货，买方应按合同总货款的15%赔偿给卖方。

第五条　验收标准及提出质量异议期限：收货后买方在10日内以书面形式提出质量异议，否则，视为无质量问题。

第六条　违约责任：按照中华人民共和国合同法执行。

第七条　此合同经双方签字并盖章后生效。（传真件及复印件无效）

第八条　解决合同纠纷的方式：本合同履行中发生争议，双方当事人应及时协商解决，协商不成向供方所在地法院提起诉讼。

卖　方　　　　　　　　　　　　　　　　　买　方

名称：＿＿＿＿方织品有限公司　　　　　名称：＿＿＿＿有限公司

委托代理人：　　　　　　　　　　　　　委托代理人：

帐号：　　　　　　　　　　　　　　　　帐号：

开户行：　　　　　　　　　　　　　　　开户行：

电话：　　　　　　　　　　　　　　　　电话：

图4-10　外贸公司与工厂的购销合同

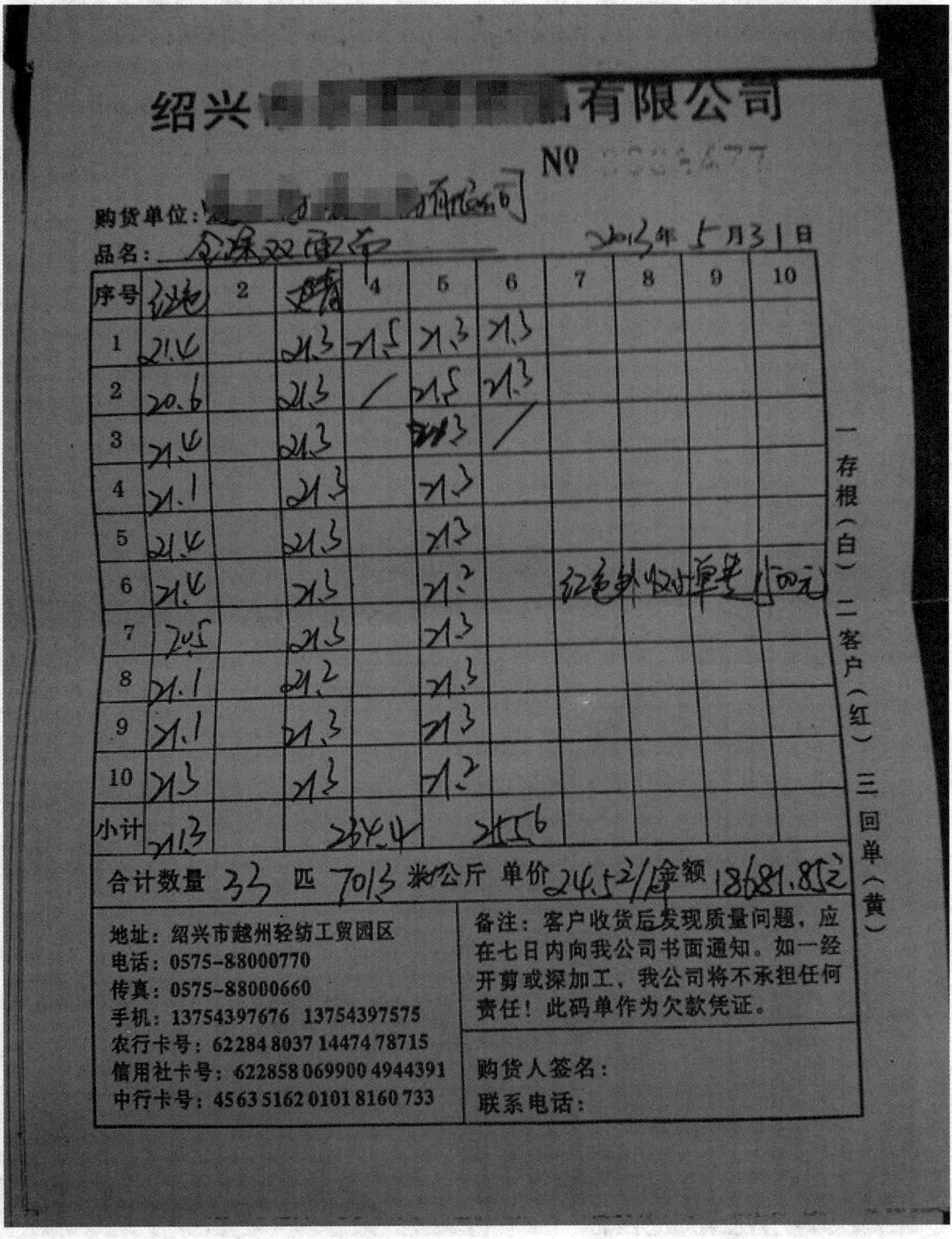

图 4-11 工厂实际出货码单

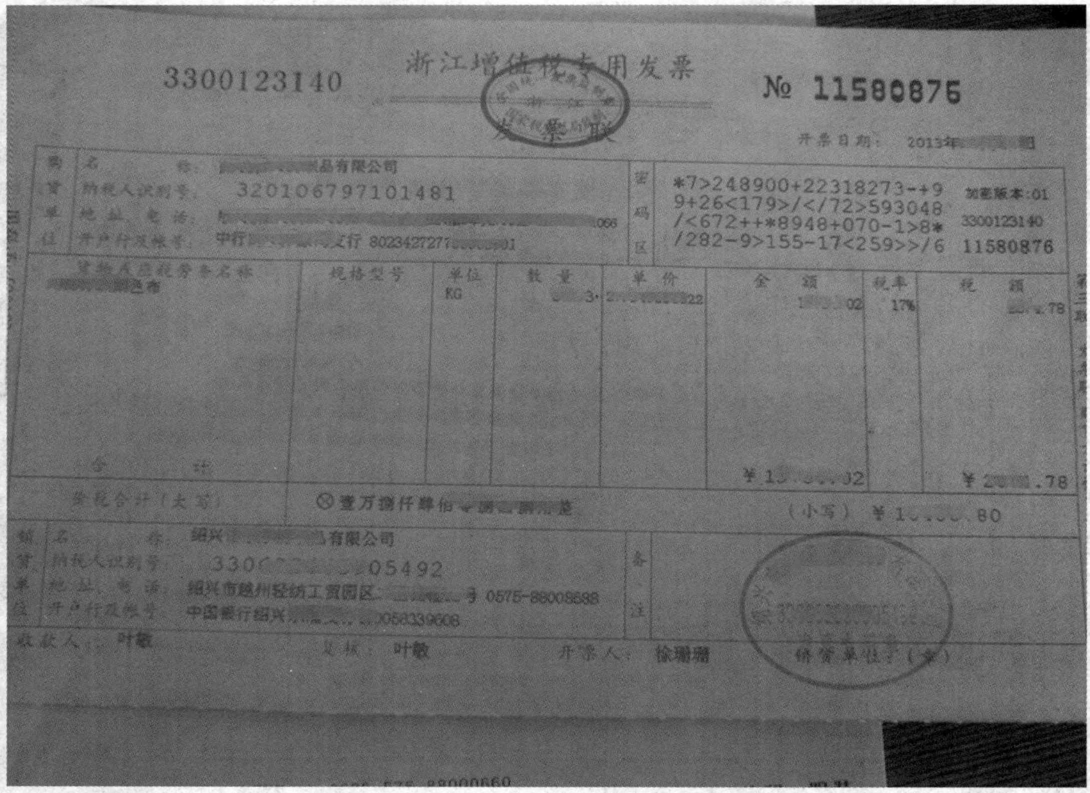
3300123140 浙江增值税专用发票 № 11580876

发票联

开票日期：2013年[redacted]日

购货单位	名称：[redacted]品有限公司	密码区	*7>248900+22318273-+9 9+26<179>/</72>593048 /<672++*8948+070-1>8* /282-9>155-17<259>>/6	加密版本：01 3300123140 11580876
	纳税人识别号：320106797101481			
	地址、电话：[redacted]066			
	开户行及账号：中行[redacted]支行 80234272[redacted]01			

货物或应税劳务名称	规格型号	单位	数量	单价	金额	税率	税额
[redacted]色布		KG	[redacted]3.	[redacted]22	[redacted]02	17%	[redacted].78
合计					¥1[redacted]02		¥2[redacted].78
价税合计（大写）	⊗壹万捌仟肆佰[redacted]				（小写）¥1[redacted].80		

销货单位	名称：绍兴[redacted]品有限公司	备注
	纳税人识别号：330[redacted]05492	
	地址、电话：绍兴市越州轻纺工贸园区[redacted]号 0575-88008688	
	开户行及账号：中国银行绍兴[redacted]0068339606	

收款人：叶敏 复核：叶敏 开票人：徐珊珊 销货单位：（章）

图 4-12 工厂开具的增值税发票

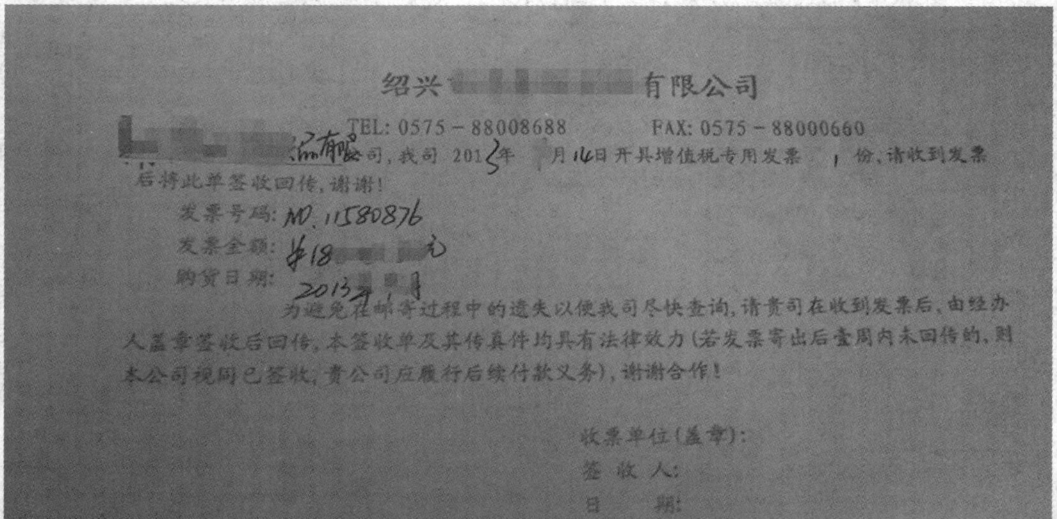
绍兴[redacted]有限公司

TEL: 0575－88008688 FAX: 0575－88000660

[redacted]品有限公司，我司 2013年[redacted]月14日开具增值税专用发票 1 份，请收到发票后将此单签收回传，谢谢！

发票号码：NO. 11580876

发票金额：¥18[redacted]元

购货日期：2013年[redacted]

为避免在邮寄过程中的遗失以便我司尽快查询，请贵司在收到发票后，由经办人盖章签收后回传，本签收单及其传真件均具有法律效力（若发票寄出后壹周内未回传的，则本公司视同已签收，贵公司应履行后续付款义务），谢谢合作！

收票单位（盖章）：

签收人：

日期：

图 4-13 工厂要求的回单

【实训考核】

按照两人一组进行评分，评分标准如下：

序号	考 核 项 目	分数
1	发给客户催交定金的邮件是否正确、合理，专业单词使用情况	20
2	催证邮件时间掌握是否合理，内容是否全面到位，函电用语是否准确恰当	20
3	信用证审核出问题是否全面、正确，理由是否充分；审核出一个问题给 10 分，共三个问题，找错一个问题扣 10 分	30
4	信用证修改操作是否正确，修改意见是否正确，函电用语是否准确、恰当	20
5	工厂增值税发票审核情况	10
	合计	100

知 识 拓 展

在实际操作业务中，有时候会遇到一种"特殊"的信用证，它并不是一份完整的信用证，而是对之前一份信用证的修改件，如图 4-14 和图 4-15 所示。

从图 4-14 中可以看出，该信用证已经是第四次进行修改了，修改的内容并不是因为某个条款出现了错误，而是增加了新的订单，继而增加了金额，延长信用证有效期至新的到期日；同时还以附件形式列明了新订单的详细信息，包括每张订单的最迟装运日。

再详细分析一下具体的信息可以发现，该客户的信用证自 7 月 11 日签发，至 10 月 13 日，3 个月内就修改了 4 次，修改频率较高。新增两张订单的交货期仅相隔 20 天，也可以理解为接单的时间相隔不长。综合以上信息可以推断出，该客户是受益人的老客户，并且有持续稳定的订单量。双方长期使用信用证结算方式，但客户并不是每次下新订单就开立新的信用证，而是在原有信用证基础上进行修改，添加新的订单，来完成新订单的支付工作。

结合前面所讲的内容，不难理解这种特殊信用证存在的原因了。对于长期稳定合作的双方，彼此在信用证的种类、付款时间、单据要求等方面已经达成共识和一定的默契，客户不必每次下新订单时都开立新的信用证，不仅可以节省开立新信用证的费用，也可以免去每次申请开立时描述大量条款的麻烦；同时对于受益人来讲，也可以节省每次审核完整信用证的时间，只需重点审核新增订单的情况是否有误，所有相关订单涉及的金额是否全部被覆盖，信用证的到期日是否合理即可。

Bank of America, N.A.

Incorporated in U.S.A. with Limited Liability

Bank of America.

Print 001 of 001

```
FROM: / SA-BOFAHKHX
        BANK OF AMERICA, N.A.
        9/F DEVON  HSE, QUARRY BAY
        HONG KONG

TO:    / SA-BOFAHKHX
        BANK OF AMERICA, N.A.
        9-F DEVON HOUSE
        979 KING' S ROAD
          QUARRY  BAY  HONG  KONG
DATE:151013


: :707 DOC CREDIT AMENDMENT


:20 / SENDERS REF                      : 6055IM448247/05
:21 /RELATED REF                       : NONREF
:31C/ ISSUE/ TRANSFER DATE             :150711  11JUL15
:30 / AMENDMENT DATE                   :151013  13OCT15
:26E/NUMBER OF AMENDMENT               : 04
:59 /BENEFICIARY                       : NINGBO SUNRISE TEXTILE
                                         DYEING AND FINISHING CO. LTD.
                                         NO.1 WEST SECTION YINXIAN RD. ,
                                         NINGBO , CHINA
:31E/NEW EXPIRY DATE                   :151130 30NOV15
:79  /  ADDITIONAL AMENDMENT INFO      :


   +  THE AMOUNT INCREASED BY USD 16, 442 . 17


   +  ADDITIONAL NEW ORDERS AS PER OUR ATTACHMENT
      NO. 1 WHICH FORMS AN INTEGRAL PART OE THIS
      AMENDMENT
   ALL OTHER TERMS AND CONDITIONS REMAIN UNCHANGED
:72 /RECEIVER INFO                     : ADVISE THRU
                                         BANK OF CHINA
                                         NINGBO BRANCH, 139 YAOHANG ST.
                                         NINGBO, CHINA
                                         SWIFT : BKCH CNBJ 92A
*  LAST UPDATED BY              :5532JYANG   ON   13OCT15   AT   16:57:43
*  AUTHORISED BY
*  MPROC REFERENCE              :SDS1296055IM448247/05
*  DESTINATION NAME             : BANK OF AMERICA, N.A.
*  DESTINATION ADDR             : 9-F DEVON HOUSE
*                               : 979 KING' S ROAD
*                               : QUARRY BAY HONG KONG
```

图 4-14　某信用证修改件 04

Bank of America, N.A.

Incorporated in U.S.A. with Limited Liability

Bank of America

ATTACHMENT NO.1 FORMS AN INTEGRAL PART
OF OUR CREDIT NO.6055IM448247/05 AMENDMENT NO.04

Additional new order as belows,

Fabric Order NO.	DESCRIPTION OF GOODS	ART.NO.	COL.NO.	WIDTH	QTY(MTR)	UNIT PRICE (USD/MTR)	AMOUNT (USD)	LATEST SHIPMENT DATE	PORTION	Shipment mode
357077/1	144*90/cm50*cpt50 100%cotton FLA+MC shrinkage +/-3%	0596	64/65/71	147cm	3,738	$3.11	$11,625.18	31.10.15	Mayhal Joint	by sea

Plus amount US$250.00 of upcharge per each colour (total amount $750.00 no 4% bonus discount)

Fabric Order NO.	DESCRIPTION OF GOODS	ART.NO.	COL.NO.	WIDTH	QTY(MTR)	UNIT PRICE (USD/MTR)	AMOUNT (USD)	LATEST SHIPMENT DATE	PORTION	Shipment mode
357290/1	120*76/40*40cf 100% cotton y/d chambray, D.P.3	34216	61/70	148cm	2,000	$2.10	$4,200.00	20.11.15	Daewoo	by sea

Plus amount US$250.00 of upcharge per each colour. (total amount $500.00 no 4% bonus discount)

5,738	$15,825.18
Less: 4% bonus discount	$633.01
	$15,192.17
Add: Upcharge cost	$1,250.00
	$16,442.17

ADVISED THROUGH
Bank of America, N.A.
Shanghai Branch
REF EX 846206/05

图 4-15　信用证修改件 04 的附件

实训项目五

出　运　跟　单

【实训目标】

能够完成订单出货前在包装确认和质量检测方面的相关工作；能够协调验货事宜；能够与客户或验货人员进行良好有效的沟通；能够完成一笔订单出货前后一系列工作，例如落实包装、确认船期、监督装柜及收集整理所有清关资料等；能够掌握与客户沟通的时间要求、技巧等。

【实训要求】

掌握产品质量、产品包装、质量检测及国际检测标准等方面的基础知识。能够根据订单数量和交期提前安排验货事宜，能够与来厂验货的 QC(验货员)进行良好的沟通，能够处理一般的质量异常状况。掌握目前的货物运输操作流程及各环节涉及的相关单据，能够就出运事宜与客户进行良好的沟通，能够在公司内部协调好出货的具体操作流程，能够按时整理各项单据并正确传递给客户。同时要求学生具备较强的时间观念、良好的沟通能力和严谨的工作态度。

【实训项目】

Jenny 手头有几个客户的订单交期临近，Jenny 开始与客户沟通有关验货事宜，以便可以顺利出货。有客户提出送样确认，还有客户提出委托了第三方的 QC 来厂验货，Jenny 作为跟单员要负责人员的接待和安排验货工作。对于已经完成验货的几张订单，可以开始准备出运的有关事宜，Jenny 与客户进行了及时的沟通，确认了包装、船期及所需单据等一系列事项，并且亲自监督装柜，整理齐全所有的单据并按时给客户寄送。

工作任务一　确认产品包装

包装采购跟单

【任务描述】

Jenny 与客户沟通有关产品包装方面的具体要求，并将客户的要求传达至成品包装部门，同时监督成品部的包装情况。

一、知识要点回顾

产品包装是为在流通过程中保护产品、方便储运、促进销售，按一定技术方法而采用的容器、材料及辅助物的总称。按包装在流通过程中所起的作用，产品包装可分为运输包装和销售包装。

运输包装又称大包装或外包装，通常又分为单件运输包装和组合包装(集合运输包装)两类，也就是货物装入特定容器，或以特定方式成件或成箱包装。运输包装的作用有两个：一是保护货物在长时间和远距离的运输过程中不被损坏和散失；二是方便货物的搬运和储存。常见的运输包装分类如表 5-1 所示。

表 5-1　运输包装分类

分　类	用　途
箱	不能压紧的货物通常装入箱内。有木箱、板条箱、纸箱、瓦楞纸箱、漏孔箱等
捆包	凡可以压紧的商品，如羽毛、羊毛、棉花、布匹等，可以先经机压打包，压缩体积，然后再以棉布、麻布包裹，外加箍铁或塑料带
袋	粉状、颗粒状和块状的农产品及化学原料，常用袋装。"袋"又可分为麻袋、布袋、塑料袋、纸袋等。为加强包装牢固度，近年来多采用纸塑复合、多层塑料复合和编织袋等
桶、瓶、罐、坛、篓、钢瓶等	液体、半液体以及粉状、粒状货物可用桶装。桶有木桶、铁桶、塑料桶等

能用作出口包装材料的品种很多，如木材、纸、塑料、金属是主要包装材料，此外还有玻璃、陶瓷、天然纤维、化学纤维、复合材料、缓冲材料等。它们的成分、结构、性质、来源、用量及价格，决定着包装的性质、质量和用途，并对包装的生产成本和用后处理方式等有重要影响。在此重点提及木质包装和纸箱两种最常见的方式。

(一) 木质包装

木质包装材料是指用于商品支撑、保护运载材料的木材和人造板产品等木质材料，包括填料、板条箱、木片、垫料、托盘、木筒和楔子等，如图 5-1～图 5-3 所示。木质包装具有来源广泛、机械强度高、加工性能好、耐腐蚀、不生锈、可回收重复利用等优点，在国际贸易中被广泛使用。

图 5-1　板条箱

图 5-2　木质包装箱

图 5-3　木质托盘

　　由于实木包装材料极易携带森林病虫害，国际组织和很多国家都对进境货物的木质包装采取极为严格的检验检疫制度。根据国际组织和我国的相关规定，凡是采用"原木"材料(如木质托盘、木箱)的，必须经过热处理或"熏蒸"，并加贴"IPPC"标识，如图 5-4 所示。凡是采用人工复合或经加热、加压等深度加工的木质包装材料(如胶合板、纤维板)的，则一般不需热处理或"熏蒸"。

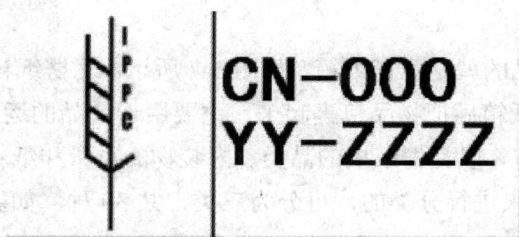

图 5-4　IPPC 标识图样

图 5-4 所示标识图样中的编号和字母分别代表如下含义：

- **IPPC**：《国际植物保护公约》(International Plant Protection Convention)。
- **CN**：国际标准化组织(ISO)规定的中国国家编号。
- **000**：国家植保机构给予木质包装生产企业的独特登记号。
- **YY**：除害处理方法，常见的是 **MB**(溴甲烷熏蒸)和 **HT**(热处理)两种方法。
- **ZZZZ 或 ZZ**：各直属检验检疫局 4(或 2)位数代码(如江苏局为 3200，宁波局为 38)。

图 5-5 为实际工作中宁波出入境检验检疫局监制的木托盘 IPPC 标识。除了要对木质包装进行相应的处理外，出口方有时会被要求提供相关的官方证明文件，跟单员则需提前跟物流部门沟通，在出货报检环节前拿到所需的证明文件。如图 5-6 所示为某信用证所需单据条款的部分截图。

图 5-5　木托盘 IPPC 标识

10.IN CASE OF WOOD PACKING,OFFER HEAT TREATMENT CERTIFICATE IN 1 ORIGINAL ISSUED BY THE OFFICIAL AUTHORITIES AND BENEFICIARY'S CERTIFICATE CERTIFYING THAT IPPC MARK HAVE BEEN MARKED ON TWO SIDES OF THE WOODEN PACKING ACCORDING TO THE IPPC STANDARD IS REQUIRED.
IN CASE OF NO WOOD PACKING,DECLARATION OF NO WOOD PACKING MATERIAL IN 1 ORIGINAL ISSUED BY MANUFACTURER IS REQUIRED.

图 5-6　信用证所需单据条款

（二）纸箱包装

出口包装纸箱最常见的就是瓦楞纸箱，如图 5-7 所示。瓦楞纸箱是瓦楞纸板经过模切、压痕、钉箱或粘箱制成纸箱后把物品包裹起来，主要用于产品的运输包装。我国的瓦楞纸箱是按国际标准局的规定，以瓦楞纸板的品类、内装物的重量和纸箱的综合尺寸(即纸箱内尺寸的长、宽、高之和)来进行分类的，可分为三类，共 30 种，如表 5-2 所示。

图 5-7　瓦楞纸箱

表 5-2　我国瓦楞纸箱分类

种类	内装物最大重量/kg	最大综合尺寸/mm	瓦楞结构	代号					
				1类		2类		3类	
				纸板	纸箱	纸板	纸箱	纸板	纸箱
单瓦楞纸箱	5	700	单瓦楞	S-1.1	BS-1.1	S-2.1	BS-2.1	S-3.1	BS-3.1
	10	1000		S-1.2	BS-1.2	S-2.2	BS-2.2	S-3.2	BS-3.2
	20	1400		S-1.3	BS-1.3	S-2.3	BS-2.3	S-3.3	BS-3.3
	30	1750		S-1.4	BS-1.4	S-2.4	BS-2.4	S-3.4	BS-3.4
	40	2000		S-1.5	BS-1.5	S-2.5	BS-2.5	S-3.5	BS-3.5
双瓦楞纸箱	15	1000	双瓦楞	D-1.1	BD-1.1	D-2.1	BD-2.1	D-3.1	BD-3.1
	20	1400		D-1.2	BD-1.2	D-2.2	BD-2.2	D-3.2	BD-3.2
	30	1750		D-1.3	BD-1.3	D-2.3	BD-2.3	D-3.3	BD-3.3
	40	2000		D-1.4	BD-1.4	D-2.4	BD-2.4	D-3.4	BD-3.4
	55	2500		D-1.5	BD-1.5	D-2.5	BD-2.5	D-3.5	BD-3.5

表 5-3 是各类纸箱对瓦楞纸板的技术要求，跟单员可以根据货物的具体情况来选择。在选用瓦楞纸箱时，应特殊情况特殊对待。对于内装物本身有一定支撑作用的瓦楞纸箱，

耐破强度要求相对高一些，边压强度要求相对低一些，不必要求耐破强度和边压强度都较高，以免造成不必要的浪费。

表 5-3 各类纸箱对瓦楞纸板的技术要求(GB/T 6544—2008)

纸箱种类		纸板代号	耐破强度/(kPa)	边压强度/(N/m)	戳穿强度/(kg/cm)	含水率(%)
单瓦楞	1类	S-1.1	588	4900	35	10±2
		S-1.2	784	5880	50	10±2
		S-1.3	1177	6860	65	10±2
		S-1.4	1569	7840	85	10±2
		S-1.5	1961	8820	100	10±2
	2类	S-2.1	409	4410	30	10±2
		S-2.2	686	5390	45	10±2
		S-2.3	980	6370	60+	10±2
		S-2.4	1373	7350	70	10±2
		S-2.5	1765	8330	80	10±2
	3类	S-3.1	392	3920	30	10±2
		S-3.2	588	4900	45	10±2
		S-3.3	784	5880	60	10±2
		S-3.4	1177	6860	70	10±2
		S-3.5	1569	7840	80	10±2
双瓦楞	1类	D-1.1	784	6860	75	10±2
		D-1.2	1177	7840	90	10±2
		D-1.3	1569	8820	105	10±2
		D-1.4	1961	9800	128	10±2
		D-1.5	2550	10 780	140	10±2
	2类	D-2.1	686	6370	90	10±2
		D-2.2	980	7350	85	10±2
		D-2.3	1373	8330	100	10±2
		D-2.4	1765	9310	110	10±2
		D-2.5	2158	10 290	130	10±2
	3类	D-3.1	588	5880	70	10±2
		D-3.2	784	6860	85	10±2
		D-3.3	1177	7840	100	10±2
		D-3.4	1570	8820	110	10±2
		D-3.5	1960	9800	130	10±2

作为跟单员，除了协助选择正确的包装材料及包装方式外，还应提早与客户确认包装上所需的各类标识，如正唛(又称主唛 Main Mark)、侧唛(Side Mark)、指示性标志、警告性标志、环保类标志、可循环使用标志等，有时客户还会要求在外包装上印刷特定图案，如图 5-8 所示。

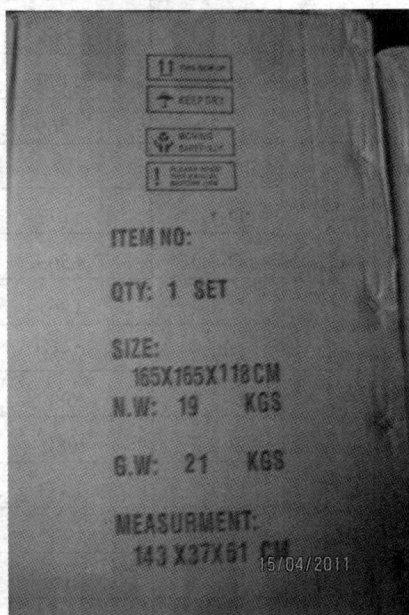

图 5-8　某公司儿童秋千产品外包装及标志

此外，出货前包装方面的检验也是一个重要的环节，包括包装材料的检验、箱唛(主唛和侧唛)的检验、包装方法和装箱方式的检验等。比如用纸箱包装的产品，纸箱的牢固程度是一个必须要检验的项目，如果纸箱太差，那么抗压能力就差，货物运输过程中很容易造成纸箱的破损，达不到保护产品的目的。

另外，包装方法也很重要。比如服装产品都有固定的包装方法，衣服怎么叠，在纸箱内怎么摆放，是否需要衣架，各种尺寸的装箱配比等，都应该在出货前和客户确认清楚。还有些复杂产品会涉及不同的分类方式和混装的问题，例如鞋类产品，颜色、款式及尺码的混合装箱问题，可参考图 5-9 的装箱明细来理解。

外销合同：27JDB158			CUS:M.G.S SPORT TRADING LTD	装箱要求			
ORDER NO	MODEL NAME	ART NO	color	quantity	@	ctns	size
001JADE	ELDAR JR	DY80155	NAVY BLACK DK.BROWN	1800	45	40	28-35
002JADE	TEAR	ZS45174	DK.BROWN	1500	20	75	36-41
002JADE	TEAR	ZS45174	BLACK	1500	20	75	36-41
002JADE	TEAR	ZS45174	NAVY	1500	20	75	36-41
003JADE	SQUARE MEN	ZS45174	DK.BROWN	2000	20	100	40-46
003JADE	SQUARE MEN	ZS45174	BLACK	2000	20	100	40-46
003JADE	SQUARE MEN	ZS45174	NAVY	2000	20	100	40-46
004JADE	FANY JR	18J-38	RED /PINK/PURPLE	1800	45	40	28-35
005JADE	ROTEM INF	JW70PO	FUSHIA /LT.BLUE/PURPLE	1800	45	40	22-27
006JADE	ASAF INF	JW70PO	NAVY/ORNG BROWN NAVY/LT.BLUE	1800	45	40	22-27

DY80155　　　ZS45174 TEAR　　　　　ZS45174 SQUARE MEN

18J-38　　　JW70PO ROTEM INF　　　　JW70PO ASAF INF

ASSORTMENT:								
DY80155	SIZE: 28	29	30	31	32	33	34	35
	1	1	2	2	3	2	2	=15PAIRS×3 COLOR =45PAIRS
ZS45174	SIZE: 36	37	38	39	40	41		
	2	3	5	5	3	2 =20PAIRS		
ZS45174	SIZE: 40	41	42	43	44	45	46	
	1	2	4	4	4	3	2 =20 PAIRS	
18J-38	SIZE : 28	29	30 31	32 33	34	35		
	1	1	2 2	3 2	2	2 =15 PAIRS X3 COLORS=45PRS		
JW70PO	SIZE : 22	23	24	25	26	27		
	2	2	3	3	3	2 =15 PAIRS X3 COLORS=45PRS		

唛头：M.G.S SPORT TRADING LTD
P.O.E(ISRAEL)
NUMBER OF CARTON: OF
MADE IN CHINA

图 5-9　装箱明细

纸箱太大或太小会影响货物在中间环节的运输和在仓库的陈列，一般工厂订购纸箱的时候就要确认这个问题，最后出货前检验的时候复检，看看规格是否符合客户的要求。

（三）挂式包装

挂式包装是指一种可以在商店的货架上悬挂展销的包装。这种包装具有独特的结构，如吊钩、吊带、网兜等，能充分利用货架的结构和空间进行展销。采用这种包装结构形式的通常为中、低档轻工产品和一些食品、药品、纺织品等，如图 5-10 所示。这种包装有热压成型、盒型、袋型、套型和卡纸型等几种类型。

图 5-10　常见各类挂式包装

　　热压成型挂式包装又称吸塑包装，包括贴体包装和起泡包装，包装的外表透明、美观，成本低廉，一般是用透明的塑料薄膜、薄片分别覆盖或罩在背后衬有纸板的商品上，挂孔在纸板上方。卡纸型挂式包装除了挂孔外，是根据商品的形状，在硬纸板上开若干个卡口，把商品卡在上面。盒型、袋型、套型挂式包装是用塑料或纸板制成盒、袋、套型容器，上方设有挂孔或挂钩，把要挂的商品装在容器内。

　　针对需要挂式包装的产品，在采购时往往涉及很多细节需要与客户确认，例如纸卡的种类、纸的材质与克重、印刷设计图稿、挂孔的形式等等。这些与包装的成本与商品的价格息息相关。

二、工作任务实施

　　分析以下客户来函，思考作为跟单员应如何处理，应如何回复客户。

Dear Jenny,

Due to customer request, we need to add hook hang of below items immediately of your open PO 36513.

Pls send me a sample photo to check before mass.

And provide me PO No. of 1st batch which add blister hook.

We will do rolling change in the future of graphic with hook hang, so pls control your pkg stock .

Any questions pls contact me.

Thanks,

Fairy

工作任务二 落实产品检验

落实产品检验

【任务描述】

TAA 公司的两张订单大货生产已接近尾声，由于 TAA 公司与 Slann 公司是第一次合作，因此头几张订单需要确认大货质量后才批准出货。Jenny 与 Anthony 沟通关于产品检验的问题，以确保订单可以按时出货。

一、知识要点回顾

产品的质量包括外在品质和内在品质两方面，外在品质凭肉眼就可以判断，内在质量需要一定的物理或化学方法才能鉴定。根据不同产品的特性，一般都有不同的检验标准、方法和程序。各个公司通常对自己产品的外在品质和内在品质也都会有一套相应的标准和检验项目。

(一) 外在品质的检验

外在品质的检验一般包括颜色、尺寸、手感等项目的检验，同时也包括产品包装的检验。比如外贸产品对颜色的要求会非常高，在订单确认之前，颜色确认是一个重要的环节。在颜色确认过程中经常用到色卡，一般在纺织服装行业用得比较多的是 PT 色卡(潘通色卡)，如图 5-11 所示；在自行车行业用得比较多的是 YS 色卡(永翔色卡)。色号固定后一般都会打样，以确保大货颜色的准确。然而在实际生产过程中，仍然有出现色差的情况，所以检验过程中就需要我们认真观察。客户往往也会在出货前再一次要求送样确认，确保大货的颜色无误后才批准出货。

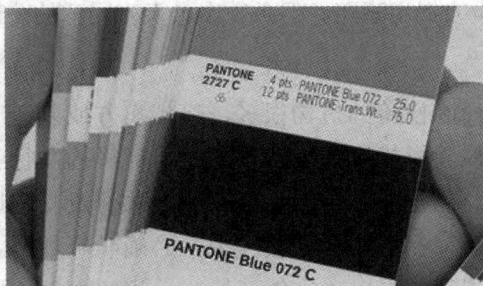

图 5-11 潘通色卡

(二) 内在品质的检验

在产品检验过程中，不能只看外表，内在的品质也在我们的检验范围之内，这往往需要凭借一定的方法或者仪器设备来完成，如纺织面料的拉伸强度、缩水率、色牢度等指标。

如果在下订单时就确认过品质要求，那么在出货前尾查的时候，这方面出差错的情况就会减少。因为在实际验货过程中没有太多的时间和条件逐项检查，一般根据生产前确认的品质样安排生产，如果出了问题，再和品质样对比，看看是否有区别。

(三) 质量检验的工作重点

作为跟单员，在产品质量检验方面的工作重点主要有以下几点：

1. 明确标准及其版本

质量检验标准主要有国际标准、国家标准、行业标准和厂商标准，商品检验可按买卖合同中约定的标准进行检验。一般而言，进口货物按照我国国家标准进行检验，出口商品根据该商品是否属于"法定检验"范畴，如果属于"法定检验"范畴，则按照我国国家标准进行检验，检验合格后方可出口。对于非"法定检验"的商品，则以客商与出口商拟定的标准或以客商的检验标准进行检验。此外随着检验技术的发展和检验手段的提高，检验标准也在不断更新，因此，跟单员要做好产品质量跟单，不光知道使用何种标准，还要知道标准的版本。

2. 确定检验时间和地点

根据国际贸易惯例，商品检验时间和地点的规定可概括分为三种情况。

(1) 在出口国检验，可分为两种情况：在工厂检验，卖方只承担货物离厂前的责任，对运输中品质和数量变化的风险概不负责；装船前或装船时检验，品质和数量以当时的检验结果为准，原则上买方对到货品质与数量不得提出异议。

(2) 在进口国检验，包括卸货后在约定时间内检验和在买方营业处所或最后用户所在地查验两种情况。检验结果可作为货物质量和数量的最后依据。在此条件下，卖方承担运输过程中的品质和数量变化的风险。

(3) 在出口国检验、进口国复验。货物在装船前进行检验，以装船港双方约定的商检机构出具的证明作为议付货款的凭证，但货物到达目的港后，买方有复验权。如复验结果与合同规定不符，买方有权向卖方提出索赔，但必须出具卖方同意的公证机构出具的检验证明。

3. 确定检验机构

在国际贸易中，从事商品检验的机构很多，包括卖方或制造厂商、买方或使用方的检验单位，国家设立的商品检验机构以及民间设立的公证机构和行业协会附设的检验机构。在我国，统一管理和监督商品检验工作的是国家海关总署及其各地的分支机构。究竟由哪个机构实施和提供检验证明，在买卖合同条款中，必须明确规定。另外，对于属于"法定检验"的商品，则是由我国商检局以"产地商检，口岸验放"的模式对商品进行检验的；非"法定检验"的商品，大都由进出口商协商确定一个合理方便的检验方式，具体有如下几种方式。

1) 工厂内部检验

这个检验过程是必需的，无论客户有没有安排人过来检验，工厂的内部检验都是一个必需的过程。要本着对客户负责和对自己公司负责的态度，认真对待这个检验过程，把不良品第一个排除在外，从而树立公司产品的质量形象，为维护公司产品的声誉而努力。有些大的工厂非常重视质量检测和管理，公司内部会有详细规范的质量监控体系，设有专门的质量控制(QC)、品质保证(QA)部门，从原材料采购到成品检验和包装，都时时进行监测和反馈，在大货的质量控制方面保持比较稳定的状态。同时，一些企业发现国外的大客户非常重视质量检测，不惜投资较大成本组建符合国际标准的实验室，采购国际先进的检测仪器和设备，还培养了一批具备检测方面专业知识和专业操作技能的人员，定期派往国外参加各类国际标准检测的培训。这样做不但可以掌握国际检验、国际标准领域的最新动态，还可以给国际买家留下很好的印象。事实上很多国外的大客户在选择供应商时，已经把是否具备完善的、标准的检验实验室作为一个必要的条件。相反，一些公司带着无所谓的态度，客户不来检验，自己也不安排厂检，或者即使有厂检也是敷衍了事，做个形式工作，最终导致产品质量不过关，客户收到货之后往往会提出索赔。很多国内民营企业刚刚走上外贸之路，质量意识还很淡薄，没有树立正确的质量观和诚信观。对于客户提出的索赔也不积极处理，甚至拒绝索赔，往往导致客户做完这个订单就不会再下单给这个工厂了。

2) 客户自己来厂检验

有的业务量很大的客户在国内设有办事处，有专门的 QC 组，他们负责对总公司订单的检验工作。跟单员需要与客户派来的 QC 人员沟通验货时间和其他相关事宜，具体如下：

(1) 预约时间。大货生产好之后，在经过自己工厂内的厂检后，将大货按客户的要求进行包装并入库，然后跟单员安排仓库人员或单证人员统计出详细的数据，做出商业发票和装箱单，或更为详细的细码单，发给客户，同时把船期安排告诉客户，让他们根据船期安排验货。这个预约至少要提前一周进行，因为很多公司下一周的工作计划要提前安排。把装箱单或其他格式的资料发给客户，以便让他们确定安排多少人、花多长时间来进行验货。

(2) 人员接待。确认好验货时间后，就要安排接待。如果要检验的货特别多的话，一般需要几天才能完成，还需要帮助验货人员安排好住宿、就餐、往返工厂的交通等事宜。

(3) 引导验货。不管客户是全单检验还是按照码单抽样检验，跟单员都需要提前跟成品部门或仓库沟通好，为来厂的 QC 准备好验货的场地、必要的检验设备、验货用的常用工具、辅助材料及必要的辅助人员等等。跟单员还需找一个时间段亲自陪同验货人员进行检验，一方面做协助工作，一方面可以及时与客户的 QC 人员沟通质量方面的问题。

(4) 确认验货报告。验货人员在检验完之后会出具一份检验报告，并由检验人员和工厂的相关负责人签字确认。表 5-4 是常见的服装验货报告样本，图 5-12 是某公司玩具产品的验货报告。检验人员要写上所检验产品的质量情况，还会附上一些验货时的照片，如图 5-13 所示，并写上相关的处理建议及最后意见，如是否可以出货还是需要返工等。如果是小问题或个别产品的问题，跟单员可以安排工人现场返修，让 QC 再次确认；如果是共性的问题或大批产品存在的问题，则必须全部返修，这样势必需要一定的时间，有可能不能按原计划船期出运，且还要与客户沟通是否需要再次来厂重验返修后的大货。

表 5-4 服装跟单验货报告

验货报告

初期 □　中期 □　尾期 □

客户:＿＿＿＿＿＿　工厂:＿＿＿＿＿＿　合同:＿＿＿＿＿＿　数量:＿＿＿＿＿＿

款号:＿＿＿＿＿＿　款式:＿＿＿＿＿＿　布料:＿＿＿＿＿＿　货期:＿＿＿＿＿＿

生产进度:	样办	裁剪	车缝	洗水	后整	包装	正在进行中工序/情况
完成数量:							

物料	无	对	错	做工品质	良好	一般	不合格	包装	无	对	错
面料				款式/做法				主唛			
里布/袋布				洗水效果				洗水唛			
拉链				裁剪				尺码/产地唛			
缝制				缝制手工				旗唛/贴缝/商标			
衬朴				辅料/装缝				其他			
拼/贴				钮门/打枣				挂牌/价钱牌/贴纸			
绣花/印花				钮/扣/钉/鸡眼装配				胶袋/印刷			
花边/织带/捆条				线头/修整				纸箱/箱唛/箱尺寸			
丈根/魔术贴				整理效果外观				包装分配			
章/牌				尺寸规格				包装方法			
线/扣/撞钉/鸡眼				色差处理							
				结构强度							
				安全功度							

序号	操作问题/疵点	轻微	严重	处理意见
	疵点总数:			

尺码:＿＿＿＿＿＿　　　　　　　　　　　　出货数:　箱:　　件:

抽查箱号:＿＿＿＿＿＿　　　　　　　　　　AQL4.0抽查数:

抽查件数:＿＿＿＿＿＿　　　　　　　　　　量度结果:□合格 □不合格

颜色:＿＿＿＿＿＿　　　　　　　　　　　　接受出货/ 翻工整改/ 扣查待决

跟单 QC:＿＿＿＿＿＿　　　　　　　　　　　　　　　工厂负责人:＿＿＿＿＿＿

萬利玩具成品驗貨報告

Manley®

TO : Stella Nip   供應商(香港): MANILINK   日期: 2015.01.31 頁碼 1 OF 1

Sales 組別: TQ 內線: 7346   工廠名稱: 維多利   訂單編號: QP015801

抄送: ___   地址: 惠州   訂單數量: 3990+6462 PCS

完成數量: (是/否) 8364(80%) 隻

產品編號/名稱: #93495/2 PACK MAGNETIC DRAWING BOARD

生產日期編號: ☑ 是 □ 否   062795DEC14(PKG/BODY)   客人: KMART(USA)

收貨標準: II級   驗貨次數: ☑ 第1次 □ 第2次 □ 第3次 □ 巡拉

極度嚴重: 收: 0   功能嚴重收: 1.0   輕微收: 4.0   外觀嚴重收: 1.5   輕微收: 4.0

外/內箱嘜頭: OK   正嘜: 2 SIDES   側嘜: 2 SIDES   內箱/外箱: 0/6PCS

外箱尺寸(英寸) 13X11.5X10INCH   毛重: 2.9KGS   淨重: 2.5KGS   UPC.NO.: 0267852:2361/0267852:2378

功 能 次 品 描 述	抽樣數	極嚴重	嚴重	輕微	外 觀 次 品 描 述	抽樣數	極嚴重	嚴重	輕微
AT NORMAL PLAYING	200PCS				彩盒未折好	200PCS		1	
1.黄色大画板推制偏紧			3		胶丝			1	7
2.红色小画板推制脱落,无功能			1		胶水渍			1	3
					污糟				3
					磁石脱落			1	
					彩盒皱				2
					磁石粘胶不良			1	2
					批锋				2
					绳子漏打结				
總計:		0	4	0	總計:		0	6	17
允收:		0	5	14	允收:		0	7	14
結果: ☑可收 □拒收					結果: □可收 ☑拒收				

濫用測試: 2 CTNS:CTN DROP TEST→PASSED   TRANSIT TEST(250RPMX1HR)→PASSED

☑ 可靠性: 6 PCS:TOY DROP TEST(36"*4T)→PASSED 3PCS: 画板底层与顶层分离,可装回.

☑ 安全性: 6 PCS:TOY DROP TEST(36"*4T)→PASSED 3PCS: 画板底层与顶层分离,可装回,无安全问题.

6 PCS:TENSION TEST/TORQUE TEST→PASSED

簽辦: ☑ 簽辦驗貨 □ 圖片驗貨 □ PDQ簽辦 □ Display Box簽辦 ☑ Floor Display簽辦

備註: PACKING:USED CUSTOMER ENGLISH/SPANISH OPEN BOX PACK.

AFFIX UPC LABEL ON ONE SIDE MAIN MARK OF MASTER CARTON.

1. 资料要求外箱UPC LABEL距箱底为1.25寸, 而实际只有1寸.
2. 20%小画板写字后顶部刷不干净, 会留有黑色印子. (见图片)
3. 18%绿色小画板笔离隙, 30%大画板推制底部离隙;10%黄色大画板笔发白;20%蓝色大画板推制底部胶件发白.(见图片)
4. 15%大画板印章小配件装入后易弹出.

驗貨結果:

□ 收貨   ☑ 退貨   ☑ 待確認

REJ:AESTHETIC AQL   PENDING:REMARK 1.2.3.4

驗貨員/日期: Sophie/Irene 2015.01.31   工廠負責人/日期: 林育明

驗貨時間: 由 11:50 至 17:30   負責人(電話): ___

QC落工廠方法: ☑ 自行乘車 □ 工廠接送

□ AOD □ 返工

SALES/工程師.確認 簽名 & 日期: ___

內線: ___ 備註: ___   最終審批:簽名 & 日期: ___

備註: 如果此份驗貨報告未經萬利(東莞)驗貨部的最終審批,廠家將不能向萬利(香港)會計部提取相關貨款.

此份驗貨報告之簽發,祇表示本公司之驗貨員曾經對以上貨品進行抽樣檢查,若客人對該批貨品有任何質量之投訴,貴廠仍需負責及作出賠償.

若廠方對該批貨有任何質量之投訴,可致電聯絡人:Raymond Tang,18038296128/0769-82195502/5503

E-mail:raymondtang@cpgentech.com

图 5-12 某公司玩具成品验货报告

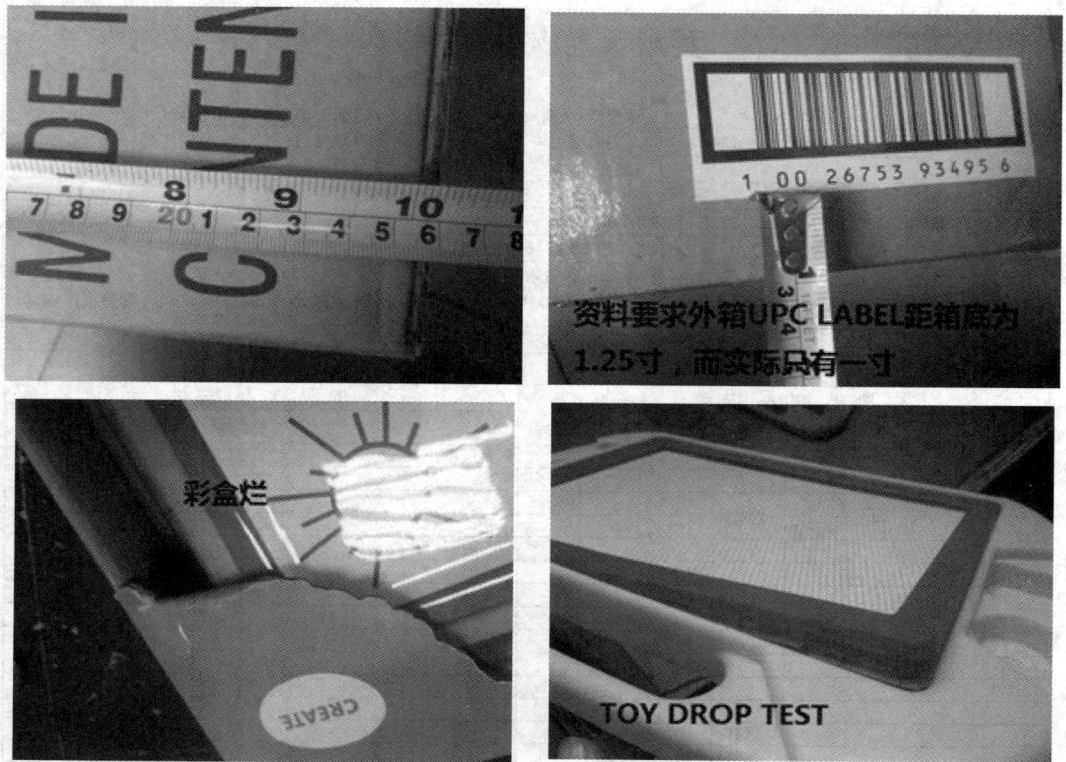

图 5-13 某公司玩具成品验货问题照片

3) 第三方验货

有部分客户对质量要求比较严格，而自己在国内既没有分公司也没有代表处，并且路途遥远，没有办法每个订单都安排质检人员过来检验，这时他们往往委托声誉比较好的公证行(第三方验货机构)来检验订单的品质。第三方检测实验室通常是指与供需双方在行政上没有隶属关系、在经济和技术上没有利害关系的第三方实验室。

目前世界上实行第三方验货业务的国家共有 40 个左右，而具体第三方验货业务的执行一般都是由少数几个跨国公证行垄断。这些跨国公证行主要有 ITS、BV、SGS、TUV 等。

ITS(Intertek)天祥集团是全球领先的质量和安全服务机构，为众多行业提供专业创新的解决方案。从审核和检验，到测试、质量保证和认证，Intertek 致力为客户的产品和流程增加价值，促进客户在全球市场取得成功。Intertek 在超过 100 个国家拥有 1000 多家实验室和分支机构，以及 33 000 名员工，凭借专业技术、资源和全球网络，为客户提供最优质的服务。Intertek 集团(LSE: ITRK)在伦敦证券交易所上市，是英国富时 100 指数成分股之一。Intertek 的客户包括众多的国际知名品牌、跨国公司、本地企业以及政府机构。Intertek 在全球市场上，帮助本地和跨国企业及组织确保其产品和流程符合行业标准以及消费者对安全和质量的要求，并以快捷的速度和创新的产品满足市场需求。

SGS 是全球领先的检验、鉴定、测试和认证机构，是公认的质量和诚信的基准。SGS 全名瑞士通用公证行，创建于 1878 年，是目前世界上最大、资格最老的民间第三方从事产品质量控制和技术鉴定的跨国公司。SGS 总部设在瑞士的日内瓦，在世界各地设有 1500 多家分支机构和专业实验室以及 75 000 多名员工(包括科研人员、工程师、博士、化学家、审核员和检验员等)，在全球 143 个国家开展检验、鉴定、测试和认证服务。SGS 一直为全球各领域客户提供可持续发展的解决方案，服务能力覆盖农产、矿产、石化、工业、消费品、汽车、生命科学等多个行业的供应链上下游。近年来，SGS 在环境、新能源、能效和低碳领域不断创新、锐意进取，致力于以专业的检测和认证服务推动经济、环境和社会的和谐共赢，为国内外企业、政府及机构提供全方位可持续发展的解决方案。

当客户指定第三方机构验货时，有很多问题需要注意，毕竟他们是专业的验货机构，业务上更加繁忙，也就更加需要提前进行工作安排。而且他们跟工厂没有直接的业务关系，是受外方委托对某些订单进行检验的，所以从某种程度上来说，他们更不容易沟通，对相关的跟单员的要求也就更高了。

4. 确定检验证书种类

检验证书是检验人受委托人委托，对指定的进出口商品进行项目检验或鉴定，并在专用格式纸上逐一记录检验或鉴定结果的一种书面证明。检验证书是各种进出口商品检验证书、鉴定证书和其他证明书的统称，它如实记录贸易的一方履行契约的情况，是处理索赔争议和仲裁、诉讼的主要证明材料，是具有法律依据的有效证件，也是海关验放、征收关税和优惠减免关税的必要证明。常见的检验证书种类主要有品质检验证书、重量或数量检验证书、兽医检验证书、卫生或健康证书、消毒检验证书、熏蒸证书、残损检验证书、积载鉴定证书、财产价值鉴定证书、产地检验证书、价值证明书、船籍证书、船龄证书等。

5. 确定检验方法

在进出口商品检验中可以根据商品的种类和订单数量来确定检验方法。外贸跟单员必须掌握抽样检验法，该检验法是相对于全数检验法而言的，由于全数检验存在着检验量大、费用高、耗时长的缺点，而抽样检验法便成为进出口商品质量检验中使用最多的方法之一。

假设某一商品的订单数为 N，采用抽样检验法时，具体的操作步骤是：第一步检验者按照随机的原则、完全偶然的方法抽取一定量的样品 n(也称为样本数 n)；第二步对所抽取的样品逐一进行检验，获得这些样本数中的质量信息(合格数与不合格数)；第三步对所获得的质量信息进行分析比较。如果不合格的商品数量低于某一数值(比例)时，就可以判定整批商品是合格的，并将这一数值确定为"可接受的水平"，以"Ac"表示，意味着接受这一订单项下的所有商品；如果不合格商品数量高于某一数值(比例)时，就可以判定整批商品是不合格的，并将这一数值确定为"不可接受的水平"，以"Re"表示，意味着可以拒收这一订单项下的所有商品。

二、工作任务实施

【步骤一】　两人一组，模拟工厂跟单员 Jenny 与客户 Anthony 之间采用邮件形式沟通大货质量检测的问题。内容要求：客户提出申请 ITS 到厂验货，同时要求出货前提供船样进行确认，跟单员参考 ITS 网站上的服务申请表，如图 5-14 所示，询问客户所需的检测项目、标准等，同时沟通验货费用的问题。

Dear Anthony,

Since the production of our order No.ST04 will be finished, we want to talk about the product inspection with you. _____

_____

_____

Best regards,

Jenny

【步骤二】　登录 Intertek 中国的网站 www.intertek.com.cn，下载 ITS 验货申请表，了解验货申请具体事宜。如图 5-14 所示。

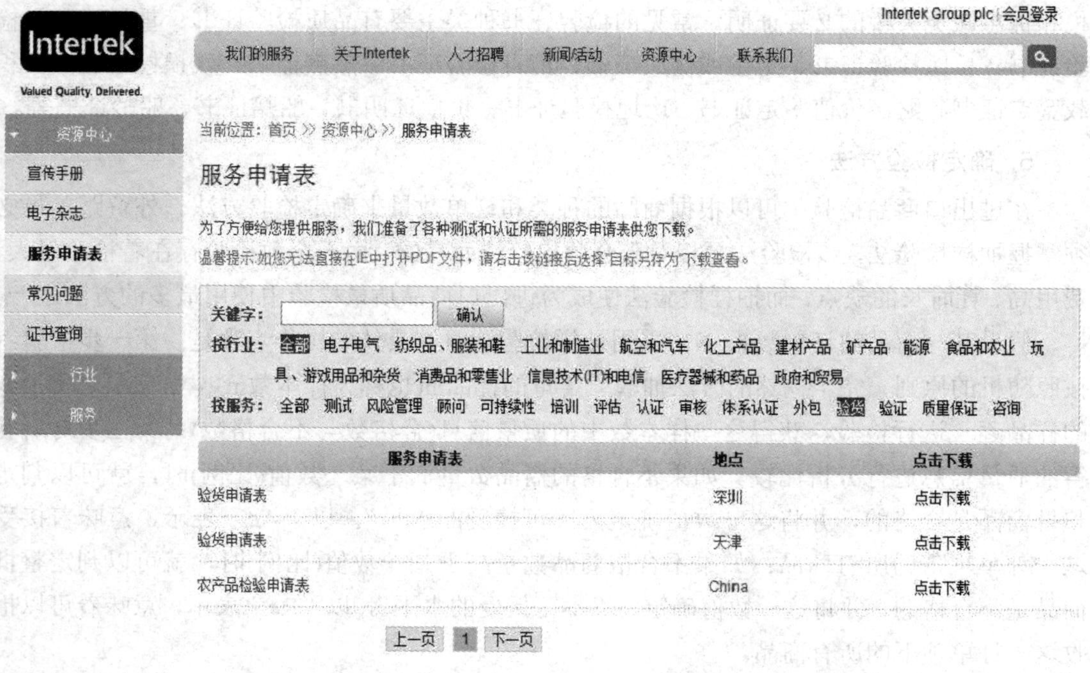

图 5-14　Intertek 网站上的服务申请表

工作任务三 协助办理订舱

出货好难

【任务描述】

Jenny 与客户提前沟通出货的船期安排等事宜,并向物流单证部门传达客户的要求,协助办理订舱事宜。

一、知识要点回顾

一般外贸公司里都会有专门的部门及人员负责联系货代等出运的相关事宜,作为业务部门的跟单员往往不需要亲自负责找货代或者保险公司等,也无需亲自从事报关报检等工作,但这些工作环节无一不与跟单员有着密切的联系,而一切有关出运的事宜或突发问题都是需要通过跟单员与客户进行沟通的。所以作为跟单员,一定要非常熟悉出货的全过程,包括涉及的每一个环节,可能需要的每一张单据以及常见的突发状况等,以便能够提早掌握货物出运的情况,与客户进行良好的沟通。通常跟单员的主要工作包括拟定出货计划、出货数据整理以及船期沟通和确认。

(一) 拟定出货计划

出货计划也叫发运计划,是依据订单、客户要求、销售计划等文件以及生产进度的实际情况综合制定的重要性文件,目的是给仓库、生产部或成品部等部门提供一个出运产品的目标,并作为他们实施具体工作的依据。

出货计划一般是由跟单员及生产管理部门人员共同制定,制定后发到相关部门,且出货计划必须及时更新。出货计划的内容要反映每次出货的具体要求,一般包括如下内容:

(1) 出货产品的类别、名称、规格、型号;

(2) 出货产品的批号、批次和数量;

(3) 出货日期;

(4) 出货地点;

(5) 运输方式;

(6) 产品目的地。

实际上出货计划也并不是绝对的,计划中指明的出货日期、数量等会在实际出货时有所改变,可能由于下列不可控因素:

(1) 客户实际接收的允许状态;

(2) 运输条件的局限性;

(3) 运输能力的限制性;

(4) 天气、环境的许可性;

(5) 政府机构的法令和政策的适宜性。

(二) 出货数据的整理

在验货完毕之后，就要统计出货的数据了，正常情况下就可以做好商业发票和装箱单了。在实际操作中，有时在验货之前就可以做出这些单据了。在统计数据方面，有的公司有自己的 ERP 软件，在系统里输入相关数据就可以打印出各种模式的单据，比如出口报关的商业发票、装箱单等。如果公司没有这些操作软件，就需要人工制作各种单据，使用最多的就是 Excel。想提高效率，就要学会熟练地使用 Excel 表格，学会利用相关的函数和计算公式，这样工作起来会事半功倍，且出错率低。

(三) 船期的沟通及确认

不管是运费到付(如在 FOB 情况下，一般是客户指定的货代)，还是运费预付(如在 CFR 和 CIF 情况下，一般是发货人自己找的货代)，跟单员都需要提前确认好相关信息，比如具体的船期、什么时候截关、船公司是谁、到目的港要多长时间、中转还是直达、在哪里中转等，在物流部门与客户之间进行沟通和确认。

二、工作任务实施

公司有一票货物要从上海出口到澳大利亚的墨尔本(Melbourne)，货物总数有两个 20 英尺货柜。通过网络查询，选择合适的出运方案，并查询大致的运价。

【步骤一】 打开锦程物流网 http://www.jctrans.com/，点击首页上方的船期，如图 5-15 所示。

图 5-15　锦程物流网站

【步骤二】 在热门船期中找到上海—墨尔本航线，查询的结果包括各个承运人的船期信息，我们可以根据直达还是转运，预计的进仓离港日期选择合适的出行方案，如图 5-16 所示。

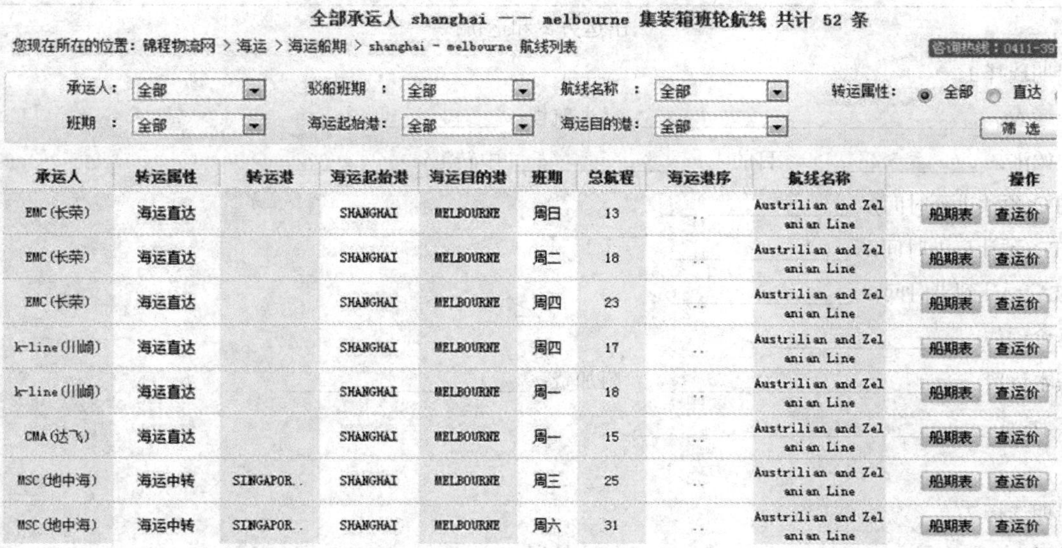
全部承运人 shanghai —— melbourne 集装箱班轮航线 共计 52 条

您现在所在的位置：锦程物流网 > 海运 > 海运船期 > shanghai - melbourne 航线列表

承运人	转运属性	转运港	海运起始港	海运目的港	班期	总航程	海运港序	航线名称	操作
EMC(长荣)	海运直达		SHANGHAI	MELBOURNE	周日	13	..	Austrilian and Zelanian Line	船期表 查运价
EMC(长荣)	海运直达		SHANGHAI	MELBOURNE	周二	18	..	Austrilian and Zelanian Line	船期表 查运价
EMC(长荣)	海运直达		SHANGHAI	MELBOURNE	周四	23	..	Austrilian and Zelanian Line	船期表 查运价
k-line(川崎)	海运直达		SHANGHAI	MELBOURNE	周四	17	..	Austrilian and Zelanian Line	船期表 查运价
k-line(川崎)	海运直达		SHANGHAI	MELBOURNE	周一	18	..	Austrilian and Zelanian Line	船期表 查运价
CMA(达飞)	海运直达		SHANGHAI	MELBOURNE	周一	15	..	Austrilian and Zelanian Line	船期表 查运价
MSC(地中海)	海运中转	SINGAPOR..	SHANGHAI	MELBOURNE	周三	25	..	Austrilian and Zelanian Line	船期表 查运价
MSC(地中海)	海运中转	SINGAPOR..	SHANGHAI	MELBOURNE	周六	31	..	Austrilian and Zelanian Line	船期表 查运价

图 5-16　上海—墨尔本集装箱班轮航线

【步骤三】　如需查询具体的船期和运价可以点击后面的“船期表”和“查运价”，便可知目前不同货代公司报出的不同的价格，如图 5-17 所示。

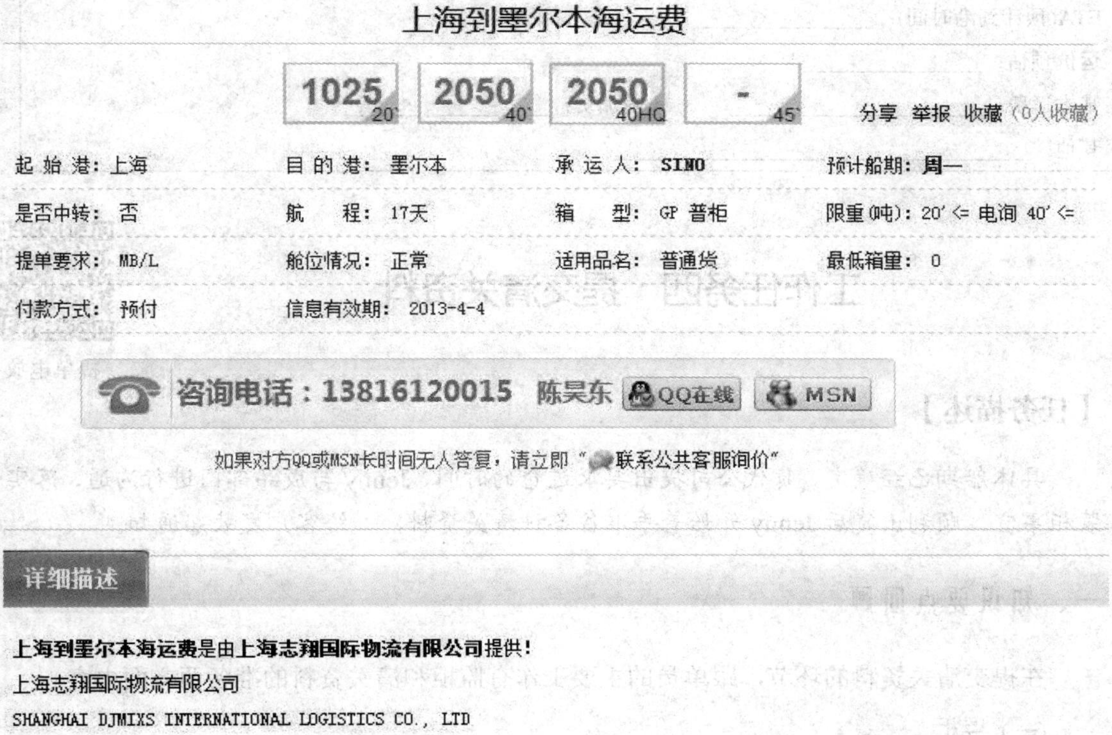

图 5-17　上海—墨尔本海运费

出运方案和运价

船期选择 1:

承运人：_____   航程：_____

起始港：_____   目的港：_____   中转港：_____

ETC(预计进仓时间)：_____

ETD(预计离港时间)：_____

ETA(预计到港时间)：_____

运价预估：_____

基本运费：_____   附加费：_____

其他：_____

船期选择 2:

承运人：_____   航程：_____

起始港：_____   目的港：_____   中转港：_____

ETC(预计进仓时间)：_____

ETD(预计离港时间)：_____

ETA(预计到港时间)：_____

运价预估：_____

基本运费：_____   附加费：_____

其他：_____

工作任务四　提交清关资料

提单电放

【任务描述】

具体船期已经确定，货代公司提出要求进仓的时间，Jenny 与成品部门进行沟通，落实装柜事宜。顺利出货后 Jenny 开始着手准备各种清关资料，并给客户发装船通知。

一、知识要点回顾

在提交清关资料的环节，跟单员的主要工作有监柜和清关资料的准备两方面内容。

（一）监柜

跟单员应在出货前一天确定出货数量的准确性，防止多出、少出、漏出货，并协助有关部门安排好员工装柜。在装柜时，如果条件允许跟单员最好在现场监柜，确保货物顺利装柜，也可以拍照片留底，以防日后出现相关问题发生争议。具体应注意以下事项：

(1) 充分利用箱容。要根据集装箱的尺寸和单件货物的包装尺寸，确定堆码的层次和方法。往箱内装货时，只要总重量(集装箱的自重加货重)不超过集装箱所允许的载重量即可。应充分利用箱容，不要让箱内留有较大的空隙。

(2) 合理调配位置。不同的货物混装在一个箱内，应根据货物的性质、体积、重量及包装的强度调配货物摆放的位置，通常应将包装牢固、分量重的货物放在箱内的下层，将包装简单、分量轻的货物放在箱内的上层。

(3) 确保重量分布均匀。箱内的货物重量要分布均匀，以防箱内某一部分的负荷过大造成箱底弯曲或开脱，或起吊时发生倾斜。

(4) 确定适当的堆码层数。在箱内堆码货物时，应视单件包装的强度决定堆码的层数。为了防止压坏下层货物，应在适当的层次间垫放缓冲器材。

(5) 酌情添加隔板或遮盖物。为了防止货物相互碰擦、玷污、弄湿，应视情况在货物之间加隔板或遮盖物。

(6) 适当加入缓冲物料。箱内如有空隙应加缓冲物料以防货物晃动，缓冲物料应选用清洁、干燥的材料。

(7) 加强挂装货的管理。对于挂装货，主要指服装，应根据服装的尺寸，尽量设法利用箱容，并要注意保洁，切勿弄脏服装。

(8) 严防开箱伤人。货物装完后，在关箱前应采取适当措施，以防开箱时箱口的货物倒塌造成货损甚至伤人。

(9) 注意拼箱要求。对于拼箱货，在拼箱时应注意水分大的货物与干燥的货物，气味浓的货物与怕串味的货物，以及粉状货物、危险品货物与其他货物的拼装问题。

(二) 清关资料的准备

一般在出货的同时跟单员就可以开始准备清关资料，如果要做得更好，可在出货后发装船通知(Shipping Advice)给客户，告诉他们一些相关的出货信息，如 Vessel、ETD、ETA 等(如图 5-18 所示)，这样客户就可以根据这些预期的信息来安排后续的工作。

在所有的单据中，提单作为物权凭证无疑是最重要的。一般船公司在船开后 2～4 个工作日会签出正本提单，当然也有个别船公司的签单速度非常慢。如果是近洋航线，船到目的港的航程时间就很短，若提单签发耽误很长时间，则会影响后面的提单流转，所以需要经常督促物流部门跟踪货代签发提单。如果是货代提单，则一般签单速度比船公司快很多，只要船开基本上都能签发出来。

近洋航线的航程时间一般都比较短，很多客户会要求做"电放"(Telex Release)，目的港客户就可以凭提单传真件提货，省去了寄送正本提单的时间和快递费。但电放提单伴随着很大的风险，发货人需要提供一份"电放保函"(如图 5-19 所示)给船公司或货代，然后船公司或货代才会做"电放"，如图 5-20 所示。

NINGBO SUNRISE TEXTILE DYEING AND FINISHING CO. LTD.
No. 1 WEST SECTION YINXIAN ROAD , NINGBO, ZHEJIANG, CHINA

SHIPPING ADVICE

To: MAYHAI JOINT STOCK COMPANY
FROM SHANGHAI TO HAIPHONG BY SEA
Vessel Name: ACX COSMOS   187S
ETD:OCT.17.2005
ETA:OCT.24.2005

ORDER NO	INVOICE NO	PATTERN		GRADE	ROLLS	LENGT(M)
SEIDENSTICKER .NULL.						
356990/1	T51034BPA	JC100/2+JC50*CF50 144*90				
		ART0592/col.11	(A)		14	1224.0
		ART0592/col.61	(A)		12	1290.0
		ART0592/col.71	(A)		12	1294.0
		SUB-TOTAL			38	3808.0
		GRAND-TOTAL			38	3808.0

图 5-18   装船通知

大连沛华国际物流有限公司宁波分公司

电放保函

SHPR: PACIFIC STAR INTERNATIONAL LOGISTICS

(CHINA)CO.,LTD NINGBO BRANCH

CNEE: PACIFIC STAR EXPRESS(TAICHUNG)

5F.,199,SEC.1,TAICHUNG PORT RD.,

TAICHUNG CITY 403 TAIWAN.

TEL:886-4-23289545   FAX:886-4-23283965

M/V:YONG DA V.732E

B/L:CNCNBKLG1009

VOLUME:

FROM NINGBO TO TAOYUAN

现我司要求将该票提单电放，由此产生的一切风险和责任均有我司承担。

2007 年 9 月 4 日

图 5-19   电放保函

COPY, NON-NEGOTIABLE

Shipper PACIFIC STAR INTERNATIONAL LOGISTICS (CHINA)CO.,LTD NINGBO BRANCH		

正利航業股份有限公司
Cheng Lie Navigation Co., Ltd.

CNC

BILL OF LADING

C. N. C. Lines

(FOR COMBINED TRANSPORT AND PORT TO PORT SHIPMENT)

Consignee PACIFIC STAR EXPRESS(TAICHUNG) 5F.,199,SEC.1,TAICHUNG PORT RD.,TAICHUNG CITY 403 TAIWAN. TEL:886-4-23289545 FAX:886-4-23283965

Received by the Carrier, the goods, containers, vans, trailers, palletized units or other packages said to contain the goods specified herein mentioned in apparent good order and condition, unless otherwise indicated herein to be transported by the vessel named herein or on board feeder vessels or other means of transportation truck, rail or air) from the port of loading named herein or the place of receipt it mentioned herein, to the port of discharge named herein, or the place of delivery, if shown herein, and there to be delivered, on payment of the charges thereon and on due performance of all obligations of the merchant. When the place of receipt is an inland point and is so named herein, any notation on this Bill of Lading of on board, loaded on board, shipped on board, or words to like effect, shall be deemed to mean on board the truck, railcar, aircraft or other inland conveyance (as the case may be) performing carriage from the place of receipt to the port of loading.

In accepting this bill of lading, the merchant agrees to bound by all the stipulations, exceptions, terms and conditions on the face and back hereof, whether written, typed, stamped or printed as if signed by the merchant, any local custom or privilege to be contrary not withstanding, and agrees that all agreements or freight engagements for the shipment of the goods are superseded by this bill of lading.

If required by the carrier, one of the original bills of lading duly endorsed must be surrendered in exchange for the goods or delivery order.

Notify Party SAME AS CNEE

(Terms of This Bill of Lading Continued on Reverse Side Hereof)

Ocean Vessel YONG DA	Voyage No. YD732E	Precarriage by	Place of Receipt NINGBO　　　CY
Port of Loading NINGBO		Port of Discharge KEELUNG	Place of Delivery TAOYUAN　　CY

Marks and Numbers	No. of pkgs or Containers	Description of Packages and Goods	Gross Weight kgs	Measurement M³
API ITEM NO. C/NO MADE IN CHINA ECMU1108975/20GP/CNCZ803673 ECMU9341582/40HC/CNCZ803691 TTL:1X20GP/1X40HC	1247 CARTONS	SHIPPER'S LOAD & COUNT & SEAL SAID TO CONTAIN FAN ASSY,RADIATOR	7124.800	97.6000

NON-NEGOTIABLE

TLX RELEASED

FREIGHT COLLECT

Freight and Charge	Revenue Tons	Rate	Prepaid	Collect

B/L No. NGBTYN11979 (CY/CY)	Number of Original B(s)/L 3		Total	Total
	Place of B(s)/L Issue/Date NINGBO / Sep 7, 2007		Payable at	Payable at KEELUNG
Exchange Rate	On Board Date Sep 7, 2007			

Cheng Lie Navigation Co., Ltd.

IN WITNESS WHEREOF, the undersigned has signed three bills of lading, all of the same tenor and date, one of which being accomplished, the others to stand void.

NBKLG1009

By _____
As Carrier

图 5-20　电放提单

除了提单，我们还需准备商业发票(Commercial Invoice)(如图 5-21 所示)和装箱单 (Packing List)(如图 5-22 所示)，还要根据订单的情况和客户的要求看是否需要提供保险单 (Insurance Policy)、原产地证明(Certificate of Origin，CO)(如图 5-23 所示)或 Form A(普惠制产地证)、各种受益人证明(Beneficiary's Certificate)等。如果包装是木质包装，那么到很多国家还需要木质包装熏蒸证明。到欧盟很多国家的一些机电产品还需要很多测试报告，比如 EN 测试等。总之，所有需要的资料都要与客户确认清楚，以免后续出现问题再去弥补，这样会比较麻烦。

1) SELLER NINGBO SUNRISE TEXTILE DYEING AND FINISHING CO., LTD . NO.1 WEST SECTION YINXIAN RD. NINGBO CHINA	商业发票 COMMERCIAL INVOICE	
	3) INVOICE NO. T51034BPA	4) INVOICE DATE 10/13/2005
2) BUYER SEIDENSTICKER INTERNATIONAL LTD. ROOM 728 7-FL OCEAN CENTRE HARBOUR CITY 5 CANTON ROAD TSIMSHATSUI KLN HK	5) L/C NO. 6055IM448247/05	6) L/C DATE 08/20/2005
	7) ISSUED BY BANK OF AMERICA,N.A.	
	8) S/C NO. 356990/1	9) S/C DATE 08/17/2005
	10) FROM SHANGHAI,CHINA	11) TO HAIPHONG,VIETNA
	12) SHIPPED BY BY SEA	13) PRICE TERM CIF (HAIPHONG)

14) MARKS	15) DESCRIPTION OF GOODS	16) QANTITY	17) UNIT PRICE	18) AMOUNT

	100% COTTON YARN DYED FABRIC 144*90 CM50+100/2*CPT50 FLA+MC FINISHING WIDTH 147CM			
MAYHAI JOINT STOCK COMPANY SEIDENSTICKER GMBH ORD NO：356990/1 ART NO：0592 C/NO： 1-UP	ART0592/COL.11	1224.0M	3.18USD/M	USD 3892.32
	ART0592/COL.61	1290.0M	3.18USD/M	USD 4102.20
	ART0592/COL.71	1294.0M	3.18USD/M	USD 4114.92
	TOTAL:	3808.0M		USD 12109.44

SAY TOTAL: U.S. DOLLARS TWELVE THOUSAND ONE HUNDRED AND NINE AND CENTS FORTY FOUR ONLY.

19) ISSUED BY

NINGBO SUNRISE TEXTILE DYEING
AND FINISHING CO., LTD .

20) SIGNATURE Ann

图 5-21 商业发票

1) SELLER						
NINGBO SUNRISE TEXTILE DYEING AND FINISHING CO., LTD . NO.1 WEST SECTION YINXIAN RD. NINGBO CHINA				**装箱单** **PACKING LIST**		

2) BUYER						
SEIDENSTICKER INTERNATIONAL LTD. ROOM 728 7-FL OCEAN CENTRE HARBOUR CITY 5 CANTON ROAD TSIMSHATSUI KLN HK		3) INVOICE NO. T51034BPA			4) DATE 10/13/2005	

5) MARKS & NOS.
MAYHAI JOINT STOCK COMPANY
SEIDENSTICKER GMBH
ORD NO： 356990/1
ART NO： 0592
C/NO： 1-UP

6) C/NOS.	7) Number and kind of package	8) ITEM	9) QANTITY	10) G.W.	11) N.W.	12)Meas.
1-5 BAGS	14 ROLLS	ART0592/COL.11	1224.0M	213.30KG	210.50KG	1.04 CBM
6-9 BAGS	12 ROLLS	ART0592/COL.61	1290.0M	224.25KG	221.85KG	0.88 CBM
10-14 BAGS	12 ROLLS	ART0592/COL.71	1294.0M	224.94KG	222.55KG	0.88 CBM
TOTAL:	**14 BAGS (38 ROLLS)**		**3808.0M**	**662.49KG**	**654.90KG**	**2.80CBM**

13) TOTAL PACKAGES (IN WORDS): SAY 14 BAGS (38 ROLLS) ONLY.

14) ISSUED BY

NINGBO SUNRISE TEXTILE DYEING AND
FINISHING CO., LTD .

15) SIGNATURE   Ann

图 5-22　装箱单

NINGBO SUNRISE TEXTILE DYEING AND FINISHING CO.,LTD.
NO.1 WEST SECTION YINXIAN RD, NINGBO, CHINA

2. Consignee

MAYHAI JOINT STOCK COMPANY
NO.216 TRAN THANH NGO STR.,
KIEN AN DIST,HAIPHONG CITY, VIETNAM.

3. Means of transport and route

FROM SHANGHAI CHINA TO HAIPHONG VIETNAM BY SEA

4. Country / region of destination

VIETNAM

YXC05/3490/0153

CERTIFICATE OF ORIGIN
OF
THE PEOPLE'S REPUBLIC OF CHINA

5. For certifying authority use only

6. Marks and numbers	7. Number and kind of packages; description of goods	8. H.S.Code	9. Quantity	10. Number and date of invoices
	FOURTEEN (14) BAGS OF FABRIC *** *** *** *** *** *** *** *** MAYHAI JOINT STOCK COMPANY SEIDENSTICKER GMBH ORD NO.: ART.: C/NO.:	52.08	3808M	T51034BPA Oct. 13, 2005

11. Declaration by the exporter
The undersigned hereby declares that the above details and statements are correct, that all the goods were produced in China and that they comply with the Rules of Origin of the People's Republic of China.

NINGBO CHINA Oct. 13,2005
Place and date, signature and stamp of authorized signatory

12. Certification
It is hereby certified that the declaration by the exporter is correct.

NINGBO CHINA Oct. 13,2005
Place and date, signature and stamp of certifying authority

图 5-23　原产地证明

　　确认清楚客户的要求后，备齐各种资料，可以先将电子版发邮件给客户，然后将正本资料通过相关的途径寄送，供其清关使用。(D/P 或 L/C 的情况下是通过银行寄出，T/T 情况下是出口商自己寄出。)

二、工作任务实施

根据客户 M.G.S 的形式发票(外销合同)及相关材料制作相应的商业发票、装箱单、装船通知等单据，可参考图 5-21 及图 5-22 的格式。

(1) 形式发票详见前面项目三中的图 3-13 所示的 Slann 公司外销形式发票，目的港是墨尔本(Melbourne)；

(2) 装箱要求详见图 5-9 所示的装箱明细；

(3) 装箱数据详见图 5-24。

装 箱 数 据

外销合同：27JDB158			CUS:M.G.S SPORT TRADING LTD									
ORDER NO	MODEL NAME	ART NO	color	quantity	ctns	L	W	H	volume	@	g.w.	@	n.w.
001JADE	ELDAR JR	DY80155	NAVY BLACK DK.BROW	1800	40	80	36	25	2.88	11	440	9	360
002JADE	TEAR	ZS45174	DK.BROWN	1500	75	42	40	28.5	3.591	6	450	5	375
002JADE	TEAR	ZS45174	BLACK	1500	75	42	40	28.5	3.591	6	450	5	375
002JADE	TEAR	ZS45174	NAVY	1500	75	42	40	28.5	3.591	6	450	5	375
003JADE	SQUARE MEN	ZS45174	DK.BROWN	2000	100	48	44	33	6.97	6	600	5	500
003JADE	SQUARE MEN	ZS45174	BLACK	2000	100	48	44	33	6.97	6	600	5	500
003JADE	SQUARE MEN	ZS45174	NAVY	2000	100	48	44	33	6.97	6	600	5	500
004JADE	FANY JR	18J-38	RED /PINK/PURPLE	1800	40	80	36	25	2.88	11	440	9	360
005JADE	ROTEM INF	JW70PO	FUSHIA /LT.BLUE/PURPI	1800	40	50	28	50	2.8	10	400	9	360
006JADE	ASAF INF	JW70PO	ORNG BROWN NAVY/L	1800	40	50	28	50	2.8	10	400	9	360
			Total:	17700	685				43.042		4830		4065

图 5-24　装箱数据

【实训考核】

按照两人小组进行评分，评分标准如下：

序号	考 核 项 目	分数
1	装箱方式的理解是否正确、完整	10
2	商务函电书写是否规范，专业英语单词使用是否正确	20
3	邮件中谈及的检测问题是否全面、合理、有技巧	20
4	验货申请表填写是否全面、详细、准确	20
5	提出的出运方案是否合理	10
6	单据制作是否完整、准确	10
7	团队协作情况	10
	合　　计	100

知识拓展

作为跟单员，想要订单货物能够顺利地出运，完成交货义务，就必须对装船之前的一些必要的环节和时间十分熟悉，尤其是报检与报关。尽管这两个环节都不需要跟单员直接去执行，但是如果不了解这些操作的流程、时间及所需的条件等，就会处于非常被动的地位，甚至为辛辛苦苦"跟"出来的货"莫名其妙"的不能装船而措手不及。即便不是自身的原因，但延误了交期终究还是要跟单员向客户解释，并继续处理后续的一系列问题。因此，要做好跟单员还需要懂单证，熟悉报关、报检的基础知识，利用自己的沟通与协调能力，协助单证员、报检员、报关员或代理报关行将一系列流程顺利衔接，才能使订单真正处于自己的掌控范围。

对于所在公司本身具备自营进出口权，已经向海关申请办理报关注册登记，有独立的物流单证部门，有专业的单证员、持职业资格证书的报检员及报关员的跟单员来说，主要工作就是与这些部门和操作人员的沟通协调。还有一些外贸公司或工厂，由于自身生产经营的类型或规模限制等原因，货物出口的报关报检都是委托货代公司或报关行办理的，跟单员往往同时肩负着单证员的工作，还需要负责与委托的货代公司或报关行进行联系，提供报关报检单据等，这时的工作范围就更大，要求也就更高了。

其实，跟单员在时间掌握上的善意提醒，在单据制备方面的监督与审核，在向公司内相关部门、公司外有关机构或企业催要相关单据等方面，都可以起到重要的作用。尤其是目前很多企业内部不同部门之间或不同的业务关联企业之间，往往存在"事不关己高高挂起"或"自扫门前雪"的现象，一些简单的单据流转都可能费时费力，累积后导致重要工作的延误。这时就需要跟单员在熟悉操作流程和具体环节的前提下，将各关联企业、关联部门、关联人员在有效的时间里串联起来，保证流程的顺畅。

以宁波 R.M.运动器材有限公司为例，该公司向韩国出口跑步机 250 台，由于产品自身特点，报检员通知报检时需提交的资料有：出境货物报检单、合同、发票、装箱单、信用证、厂检单、型式试验报告、电器类型式试验确认书和包装性能结果单。这里面常规的单据单证员自然会制备，但很多单据都需要其他部门甚至其他公司来提供，如果仅靠单证员去集齐这些单据势必需要很长时间，且有遗漏或遭到不配合的可能。这时跟单员不应该觉得自己的本职工作已经完成，而应与报检员、单证员进行良好的沟通，协助他们完成单据的收集。例如与公司质量管理部门沟通，尽快拿到出口检验报告(如图 5-25 所示)，与采购包装的企业联系，尽快取得包装性能检验结果单(如图 5-26 所示)，才能保证整个报检的过程在较短的时间内完成，进而取得出入境检验检疫局签发的"出境货物通关单"，完成报关工作。

对于报关及报检方面的专业知识，本书不再赘述，只是提醒所有想做好跟单工作的人员，一定要对这些环节的相关知识进行必要的了解。

宁波睿盟运动器材有限公司

电气类产品出口检验报告　报告编号：

品名规格：跑步机 EW-501　　　　　　订单号/或合同号：R10053-5

数　量：~~台~~ 250 台　　　　60HZ　　抽样数：8 台

额定电压：220V　频率：~~50-60HZ~~　功率：3150 W

检验依据：GB17498.1-2008,IEC60335-1:2001+A1:2004+A2:2006

抽样依据：GB/T2828.1-2003　　　　　　检验地点：公司品管室

客户名称： ZHONGSHAN INDUSTRIAL CO.,LTD	唛头： N/M	出口目的地： 韩

检验结果

序号	检验项目	技术要求	抽样水平	AQL	AC	RE	实检不合格数	判定
1	电气插头	应符合使用国家的要求	S-3	不允许	0	1	0	P
2	电气强度	不应出现飞弧、击穿，测试条件：测试漏电流设定 5A 电压参数 1250V,测试时间 5 秒	全检	不允许	0	1	0	P
3	接地电阻	测试结果应符合要求 ≤0.1Ω/25A	S-3	不允许	0	1	0	P
4	泄露电流	定时 10 秒测试合格，≤3.5Ma/1.06 使用设备电压	S-3	不允许	0	1	0	P
5	接地装置	接地应牢靠,有防松装置	S-3	不允许	0	1	0	P
6	外部结构	符合 EN957-1 健身器材的通用安全要求。A、支承性外表有边角的半径必须大于 2.5mm B、所有可触及的管端应有部件或管塞封住 C、对于高度在 1800mm 以下可触及范围的活动件与相邻的活动或固定部件的最小距离为 60mm, 若仅危及手指时,遇最小距离为 25mm, 若活动件与框架(固定件)的距离在运动时能保持不变,则最大距离为 9.5mm	S-3	不允许	0	1	0	P
7	安全机构	健身器材应有闭锁、预拉杆、卸载等能自动释放使用者的机构、装置或有关措施,以免使用者进入过度强制状态。	S-3	不允许	0	1	0	P
8	调节和锁定机构	A、健身器材上的调节件功能应可靠,易被使用者识别且不会产生危险,不允许有无意变动的可能性; B、按(旋)钮和手柄(杆)的调节件, 在使用时不得伸入使用者的正常运动范围; C、用于固定选用配重块的插锁应配有一可靠的锁定机构; D、锁定机构的功能就显而易见。	S-3	不允许	0	1	0	P

9	稳定性	开机试跑，各项功能正常，运行稳定	S-3	不允许	0	1	0	P
10	外观	使用者或旁边（非使用者）可触及部件的棱边不得有毛刺，需经倒圆或通过其他防护，电源线及其插头不应破损及外露金属；	S-3	不允许	0	1	0	P
		焊接部位应牢固，焊缝表面均匀、平整、不允许有咬边、焊瘤、裂纹、气孔、漏焊等缺陷；	S-3	2.5	0	1	0	P
		可视部位不应有明显擦伤、变形等，弯曲件的圆弧应圆滑一致，不得有明显起皱现象；塑料件、胶木件、泡棉等应无明显列纹、缺损、弯形、不光洁等，座、垫等皮革软包件表面应饱满、圆滑、无褶皱、且色泽均匀一致。	S-3	6.5	1	2	0	P
11	组装质量及完整性	健身器材应能完整组装，不应缺少零部件及附件含说明书；	S-3	2.5	0	1	0	P
		各种功能设置均应操作有效、各转（活）动部份应转（活）动灵活，无卡阻、碰撞及异常声响；	S-3	2.5	0	1	0	P
		连接框架结构的螺栓、螺母等连接件能充分紧固，具有防松功能，组装后螺栓外露部份不得直超过3个螺距。	S-3	2.5	0	1	0	P
12	仪表盘或电子表	能正常启动和工作，功能完整、正确	S-3	2.5	0	1	0	P
		紧急停止按钮应操作有效	S-3	不允许	0	1	0	P
13	铭牌标志及说明书	内容应正确，铭牌与产品相符，在易发生危险的部位加贴警示标识，安装使用说明书内容应正确、完整、对潜在的危险给予使用者足够的警示	S-3	不允许	0	1	0	P
14	包装情况	纸箱包装，箱装完好，打包正确。						
15	数量情况	上述货物，抽检过货程中经清点： 1台/ 1 箱，共 250 箱						

注：判定代号说明："**P**"表示合格，"**F**"表示不合格，"**N**"表示此项检验不适用。

综合判定：合格

检验员：张飞   检验日期：2010年9月26日

质量部经理：李健国   复核日期：2010年9月26日

图 5-25 产品出口检验报告

中华人民共和国出入境检验检疫

出境货物运输包装性能检验结果单

编号 380500310003418

申请人	宁波六和包装有限公司			
包装容器名称及规格	纸箱***		包装容器标记及批号	38052061010
包装容器数量	**20000	生产日期	自2010年09月25日至2010年12月24日	
拟装货物名称	风扇车	状态	固态	比重 **0
检验依据	《运输包装用单瓦楞纸箱和双瓦楞纸箱》（"GB/T6543-2008"）	拟装货物类别（划"×"）	□危险货物 ☒一般货物	
		联合国编号	***	
		运输方式	江、海运输	
检验结果	按《运输包装用单瓦楞纸箱和双瓦楞纸箱》进行抽样，经外观检验、物理性能检验各项指标达到检验规程要求，适合出口商品运输包装。 仅限宁波地区使用 签字: *签名*　日期: 2010 年 10 月 26 日			

包装使用人	宁波睿盟运动器材有限公司						
本单有效期	截止于 2010 年 12 月 27 日						
分批使用核销栏	日期	使用数量	结余数量	核销人	日期	使用数量	结余数量	核销人

说明：1. 当合同或信用证要求包装检验证书时，可凭本结果单向出境所在地检验检疫机关申请检验证书。

2. 包装容器使用人向检验检疫机关申请包装使用鉴定时，须将本结果单交检验检疫机关核实。

[3-2(2000.1.1)]

B 1976267

图 5-26　出境货物运输包装性能检验结果单

附录一

跟单员实习周记

以下是某高职院校国贸专业大三的学生在实习期间所写的周记，真实描述了跟单员的工作内容和心得体会，供读者参考。

时间段	2013-9-9 至 2013-9-15
实习单位	宁波豪联服装有限公司
岗位名称	跟单实习生
内容	今天，老板给了我两个单子让我跟，一个是乌拉圭的，一个是香港的。首先要确认衣服上的绣花和客户的要求是否相符。处理这两个单子的时候我都碰到了一些问题。乌拉圭的单子中的服装一共有六种颜色，每种颜色的绣花都是不同的。我去检查的时候只注意了衣服上的图案是不是和照片上一样。回到办公室之后老板问起，我才发现忘记对照衣服的颜色和图案是否相符了。 在处理香港的单子时也碰到了一些问题，老板给我的图片上绣花的图案是 87，我跟绣花负责人说的时候她告诉我打样师傅给她的样品上写的是 86。然后我就去问了老板，老板说是 86，他忘记了。第二天我发现老板给我的资料上写着一句英文，意思是把 87 改成 86。 有了这次的经历，在以后的工作中，我要更加认真仔细了。还有一件高兴的事，这次广交会老板会带我一起参加，希望会有收获。这段时间，我要好好练练自己的口语，提高英语对话水平。

时间段	2013-9-16 至 2013-9-22
实习单位	宁波豪联服装有限公司
岗位名称	跟单实习生
内容	上星期六，老板说要开始教我业务方面的事。前段时间他去拉斯维加斯参加了一个展会，于是他把得到的名片都交给了我，让我给这些潜在的客户发邮件。他把要发的内容告诉了我，对于是否会得到对方的回应，我和他都没有什么把握。 　　想不到星期天的时候，我接到了一个从巴西打来的电话。今天，去公司上班的时候，打开邮箱就看到了这位巴西客户发给我的邮件，他对我们公司的服装有兴趣，从我发给他的附件中挑选了几种款式，让我们每种寄给他 10 件，总共 70 件。后来，老板猜测这个巴西客户可能是一个中间商，买下我们库存的衣服，转手卖给别人赚差价。最后，我们达成共识以 450 美元的价格成交。老板说这 450 美元将全部作为我的奖金奖励给我，好开心。 　　在巴西客户之后，我又收到了来自牙买加客户的邮件，他要买 25 000 件衣服，要求是我们做过牙买加的订单。很巧的是，我们公司曾经为牙买加的一个品牌做过衣服。明天他会把想做的服装图片和细节发给我，希望一切顺利。

时间段	2013-9-23 至 2013-9-29
实习单位	宁波豪联服装有限公司
岗位名称	跟单实习生
内容	前两天，有一位马来西亚的客户来公司考察，老板说这个订单让我来跟，所以我就参与了整个过程。我感觉这个订单与我前两次跟的订单有些不一样。之前的两个单子，因为我前期没有参与，只能机械地听老板的吩咐做，我能依据的只是老板给我的资料。这次不同，从这位客户来到工厂，我就一直参与整笔交易过程。客户对产品的要求，我都做了笔记，不确定的地方也与客户进行了沟通，我觉得自己很明确地知道了客户的需求。 　　今天，我开始安排马来西亚这个订单的生产，觉得自己比之前熟练多了，知道应该先做什么，应该怎么开始一笔订单。 　　这段时间，我填了商业发票，发现和在学校学的不一样，需要填的内容很少，也不复杂。我还在老板的指导下为马来西亚的客户做了 PI。 　　月底，乌拉圭的订单就要出货了，希望一切顺利。明天我要继续安排马来西亚的订单，希望我能顺利地独立完成这个单子。

时间段	2013-9-30 至 2013-10-6
实习单位	宁波豪联服装有限公司
岗位名称	跟单实习生
内容	乌拉圭订单的大货 10 月 9 日就要进仓了，这几天工人们都忙着做最后的准备，我要告诉工人条形码贴纸贴在标签的哪个位置，标签挂在衣服的哪个位置，衣服要怎么包装，要怎么装箱。希望乌拉圭订单能顺利进仓出货。 　　关于马来西亚订单，昨天我在老板的指导下做了色卡，做色卡的时候要从一件完整的衣服上剪下一块布，想想真有点舍不得。一开始我以为这样就好了，后来才知道，我还要知道样衣的尺寸，要拿到衣服的尺寸表。衣服的绣花图案也要开始安排打样了，首先要做出绣花图案的电子稿，所以老板开始教我用 Photoshop。 　　在做马来西亚订单的时候，我知道了很多之前不知道的事，等这个订单完成以后，我应该对整个服装跟单的流程有一个系统的了解了。

时间段	2013-10-14 至 2013-10-20
实习单位	宁波豪联服装有限公司
岗位名称	跟单实习生
内容	近期我们要和一个法国客户合作，还会有法方指派的人员来工厂验厂。只有通过了检验才能得到法国的订单。今天法国客户派了两个人提前来考察我们工厂，告诉我们给我们一个月的时间整改存在的问题，之后才会有正式的检验。我全程陪同他们，并记录下需要整改的地方。 　　在这个过程中，我知道了完成一个订单的流程，还知道了原来衣服在最后包装之前要进行验针。有这么一个故事：之前这位法国客人曾在中国某工厂下过一个订单，但是工厂方面忽略了验针的环节，导致一条裤子带着一枚针到了法国商场，一个小男孩试穿的时候，整条腿都被针划了，受了很严重的伤，法国公司和中国工厂都赔了很多钱。所以假如验厂的时候在我们的缝纫车间和包装车间发现一枚断针，我们就直接没有机会和法国客户合作了，不可能再有第二次验厂的机会。希望到时候能顺利通过验厂。 　　下个星期，我会很忙碌。24 号到 27 号要去宁波会展中心参加宁波服博会，28 号就直接飞往广州参加广交会。希望到时候会有很多收获，自己也能多增长一些见识。

时间段	2013-10-28 至 2013-11-3
实习单位	宁波豪联服装有限公司
岗位名称	跟单实习生
内容	10月24号至27号，宁波会展中心举办了第17届宁波国际服装服饰博览会。我们公司租了两个展位，老板带我一同前往参展，我发现了很多和我们在学校进行会展实训不一样的地方。比如展位上少了很多装饰，只有参展的衣服、宣传册、名片，这些都和在学校大家比赛时的花哨不同，当然某些大牌的服装企业，将自己的展位装饰得非常漂亮。因为工厂有很多事情，老板就留我一个人在展位。我觉得这对于我来说是一次锻炼，因为我要独自和客户商谈业务。在展会上，我与几个客户商谈了业务，同时也发现了自己的问题，我对于工厂的一些情况并不是很了解，有时候就很难回答对方的问题。 　　在宁波国际服装博览会上碰到的客户大部分是中国人，外国客户一般问完价格就走了，所以我不知道在广交会上会碰到怎样的问题。不过我学到了一个工作中非常实用的方法，就是当我收到一个客户的名片时，要把它钉在笔记本上，并详细记录客户的要求，以便日后与客户联系。

时间段	2013-11-4 至 2013-11-10
实习单位	宁波豪联服装有限公司
岗位名称	跟单实习生
内容	10月28号到11月4号，我去参加了广交会。我发现那是一种和宁波展会完全不一样的风格，广州的展馆很大、很壮观，总共分为3个区。展馆的外面有举着牌子的学生，她们都是来当翻译的，我问了一下价格，一天是280元。 　　广交会上来的大部分都是外国客户，这个时候我才发现，原来我不懂的东西好多呀，只能看着老板和客户流利的交流。晚上回酒店的路上，老板跟我说，让我大胆和外国人说话，说错了没有关系，他会帮我的。还跟我说以前他也说得不好，一句话说上三四遍，老外都听不懂，自己就会脸红起来。听了老板的话，我真的很想试着去说一次，但是第二天去了展会，我还是选择了和会说中文的客户交流，之后发生的一件事让我觉得我要好好学英语、说英语。有个外国客户和老板谈生意，临走的时候，她问老板为什么我都不说话，是不是我不会说英语，老板说我会说英语，只是我比较害羞。她说，不要害羞，英语很重要。 　　后来，回酒店的路上，我跟老板说，我明天要说英语，他说好的。第二天，我试着去跟外国人说话，虽然还是有很多说不好的地方，但是我觉得我敢说了。 　　这次参加广交会听得比较多，说得比较少，希望下次再参加的时候，我可以流利地与客户交流。

时间段	2013-11-18 至 2013-11-24
实习单位	宁波豪联服装有限公司
岗位名称	跟单实习生
内容	这两天很忙，我们所有的库存要销往乌拉圭，因为库存衣服已经在厂里放了半年多了，装箱单上的数据与实际的数据有些差别，所以我要去一个一个的检查，三天里每天检查一次，昨天终于顺利出货啦。 　　昨天马来西亚客户来公司了，看了一下他的订单进展情况。当他看到样衣的时候，一直说太好了，后悔没有多下一点订单。我也替他高兴。 　　但是今天就发生了一些不好的事情。老板娘把马来西亚订单的数量搞错了，明明是3:3:3:1，她问了老板，老板说是1:2:2:1，资料就弄错了，衣服的裁剪数也就不对了。我以后要在给她的资料上写上正确的衣服配比，避免发生类似的事情。 　　马来西亚的洗水唛也是昨天到的，我跟负责的工人说了怎么车洗水唛，还给她看了样衣。然后她就回车间了，但是今天样衣室的人告诉我，车间的洗水唛有各种各样的车法，让我去看一下，然后我发现确实错了，要返工。这次我在洗水唛上写了正面反面，希望不会再弄错了。 　　马来西亚订单这个月底就要出货了，希望接下来一切顺利。我觉得遇到的这些问题也能增加我的工作经验，继续加油。

时间段	2013-12-2 至 2013-12-8
实习单位	宁波豪联服装有限公司
岗位名称	跟单实习生
内容	快到年末了，整个工厂都呈现着一派忙碌的景象。马来西亚的订单马上就要出货了。这几天，我忙着制作装箱单，以及准备一些报关资料。在这个过程中，碰到了一些麻烦的事。我们需要马来西亚客户提供他们的货代资料，他们给我的资料是一个仓库的地址。之后我们跟仓库的负责人联系，他们说要由他们来报关。但是老板说这是不对的，必须由我们来报关，不然我们就没法出口退税了，而且这样的出口是非法的。我们和客户解释了这个问题之后，终于将它解决啦。原来报关涉及的事情这么多，我要学的还很多。 　　其实我们公司有专门负责单证报关的职员，但是她经常请假，所以我常常要帮她做事情。我觉得挺好的，这样我就能多学一点东西啦。 　　今天我在纸箱上贴了箱唛，明天还要开箱检查衣服，很忙碌但是每天都过得很充实、很开心。我发现工厂里一个负责打箱的爷爷能看懂英语，这件事对我的影响很大。马上就要考英语六级了，突然觉得我现在学英语的目的不再单单是为了通过考试，而是为了提高自己的英语水平，为了以后可以说一口流利的英语。等下一次去参加广交会的时候，才能独立的和外国客户交流。12月12日，我要一个人去上海出差了，要和验厂的人员开会，这是一个很大的挑战，但是我会加油努力的！

时间段	2013-12-9 至 2013-12-15
实习单位	宁波豪联服装有限公司
岗位名称	跟单实习生
内容	马来西亚的货终于运到了义乌的码头，但是司机又碰到了问题，仓库的负责人一定要让司机一个人卸货，还说他们那边就是这么规定的，谁的货就谁自己卸，如果要他们帮忙卸，要付装卸费。然后司机就一个人卸了整整117箱货，我觉得他好辛苦，没想到出货之后还有这么多问题。 　　出货之后，我开始修改装箱单，老板还教我做了发票。老板说第一次做发票要慢慢研究，可能会做一下午，但是我花了一个小时就做完了，当然要感谢老板的帮助。 　　最后还是由义乌方面来报关，我就把做好的装箱单和发票以及客户的订单发给了仓库方面的负责人，还跟他们说了一下这个单子的情况，也解答了一些问题。希望在我们双方的合作下，能让马来西亚客户顺利收到货物。 　　前两天有巴西和韩国的客户来厂，我发现自己可以与他们较为顺畅地交流了，虽然有时候还是不流利，但也少了之前的胆怯。巴西客户还夸我的英文名好听，韩国客户临走的时候还对我表示了感谢。韩国客户说英语的时候口音那么奇怪，我都可以和他交流，我对学习英语更加有信心了，我要加倍努力和用心，加油加油！

时间段	2013-12-16 至 2013-12-22
实习单位	宁波豪联服装有限公司
岗位名称	跟单实习生
内容	原本昨天有两个客户要来工厂，一个是香港的，一个是俄罗斯的。考虑到我们要去宁波接他们，来回四趟，一天的时间里很难完成所有的事。于是，老板就决定带着工厂的样衣去宁波，直接在酒店见客户。 　　我们先见的是香港客户，因为路上发生了一点小插曲，我们未在约定的10点半准时到达酒店，迟到了10分钟。见面的时候，我们表达了歉意，对方也表示理解。之前我们在电邮中就有过交流，这次主要是带一些绣花片给客户确认。事情完成之后，已经到了12点半，下午2点我们要和俄罗斯客户见面。时间比较紧张，我们急急忙忙吃完饭之后就往下一个酒店出发了。 　　与俄罗斯客户洽谈时，发生了一件很神奇的事。客户正在餐厅看样衣，隔壁桌的客人看到我们的衣服就主动过来问我们要名片，跟我们说她是从英国来的，希望我们可以合作。这么机缘巧合得到了一个新客户。 　　回来的路上，老板跟我说有个陌生人给他打电话现在跟我们合作的韩国客户是一个骗子，欠了别人的钱。老板说上次他送韩国客户去酒店的时候，韩国人就一直站在前台等着他付钱。老板还教我，不要太相信别人的话，但是也要放在心上，认真思考判断。

时间段	2014-1-6 至 2014-1-12
实习单位	宁波豪联服装有限公司
岗位名称	跟单实习生
内容	上个星期巴西订单的客户安排专门的 QC 来工厂查货，老板让我全程陪同。虽然之前工厂的货都是由我来查的，但是看了他们查货的过程，我发现之前我查货一点都不正式。 　　他们准备了各种各样的尺具，还有摄像机、照相机。在陪同查货的过程中，我知道了怎样去量一件衣服的各个部位。这个订单我们做的是拉链衫，QC 让我去拿一下各个尺码的拉链长度数据，我就去问技术科拿了数据。他看了数据之后问我为什么这些拉链长度增加和减少都没有什么规律可循，是依据什么来确定拉链长度的。这时老板来了，老板对这个问题也解释不清楚。 　　后来 QC 告诉我做拉链衫的时候，拉链一定要比衣长短，这样做出来的衣服拉上拉链之后就不会弯弯扭扭，但是具体短多少要看具体情况。他还跟我说他以前是学服装设计的，让我可以抽一天的时间坐在工人旁边去看完成一件衣服的过程，这样我对衣服就会有所了解了。 　　我们将巴西订单分给了两个车间做，QC 发现衣服上的口袋做工不一样，有好有差，然后他跟我说在广州，有些客户会指定专门的车组来做他们的衣服，因为他们知道这些工人的手工好。 　　之前我查货的时候就是看看线头有没有剪干净啦，主唛有没有车歪了，这次陪 QC 查货让我学到了很多东西，以后我要更加努力。

时间段	2014-2-17 至 2014-2-23
实习单位	宁波豪联服装有限公司
岗位名称	跟单实习生
内容	过完春节第一天来上班，假期有点长，总共有 20 天。来到公司的时候，大家都热情地跟我打招呼，我觉得很开心。进办公室第一件事就是打开电脑，进入邮箱，看到我有25 封未读邮件。有些是客户发给老板的，附带抄送给我的，有些是发给我的。不管是不是发给我的，老板说都要仔细看一遍，既然抄送给我肯定有用意的。 　　年前我们给俄罗斯客户寄了样衣，现在他们给我们发了一些资料，希望我们报价。之前的马来西亚客户在 2 月 14 日给我发了一封主题为 PI 的邮件，但是他在邮件里写祝我元宵节快乐！情人节快乐！还附上了一些衣服的图片以及一些简短的文字。我当时也没多想，之后老板告诉我，马来西亚客户要另外下一个订单。我恍然大悟，立刻做了一份PI，发给了马来西亚客户。 　　听老板说我们马上要搬去新的厂区工作了，新年新气象，新的一年我要更加努力工作！

时间段	2014-2-24 至 2014-3-2
实习单位	宁波豪联服装有限公司
岗位名称	跟单实习生
内容	上个星期不是很忙碌，年前的货，因为 QC 查出很多问题，工厂就重新返工了，一直拖到现在才出货。老板给了我装箱单，让我去查箱子。我把问题记录下来，重新修改了装箱单。在出货之前，我和老板又一起检查了一遍，终于顺利出货了。 　　年前做的贴纸，有一部分辅料厂给我们做错了，但是之前和我联系的那个员工已经辞职，来了一个新员工接手。我花了很长时间跟她说之前的情况，她终于明白了，我想我们以后会合作愉快的。 　　还有一个好消息，这个星期，我就要和老板一起去上海参加第 24 届华东交易会了。我很期待，华交会和广交会有什么不一样呢？这一次，我要大胆地和外国人交流，加油加油！希望这次去华交会有不一样的收获，这样我就可以把感悟写进论文里，让我的论文内容更加丰富。也希望可以收获订单，这样就可以忙碌起来，可以学到更多的东西。

时间段	2014-3-3 至 2014-3-9
实习单位	宁波豪联服装有限公司
岗位名称	跟单实习生
内容	这次我们是自己开车去上海参加华交会的，中途转去宁波买了挂衣板，老板说上海的展会只有三面墙，工具都要自己带。到展馆之后发现这次主办方给我们提供了挂衣板，但是我们衣服太多，地方不够，于是在小贩的热情推荐下，安装了晾衣杆。从我们进入展馆的时候，这个小贩就问我们是哪个摊位的，然后一路陪着我们找，起初我还以为他是展馆的工作人员，觉得华交会的工作人员好热情呀。之后我把这件事告诉了老板，老板笑笑说："你太天真啦。" 　　3 号早上老板临时有事，我自己先到展位，这一天有好多客人，我要自己去和客人沟通，感觉到自己有了一点点的进步。上次的韩国客户也来到了我们的展位，他说他的客户已经确定下单了，这真是一个好消息。

时间段	2014-3-10 至 2014-3-16
实习单位	宁波豪联服装有限公司
岗位名称	跟单实习生
内容	去年我们接到了一笔大订单，但是快到年末了，很多订单要出货，客户就给我们介绍了一家广州的工厂，让他们帮助我们一起完成生产。衣服的辅料是由我们帮他们代买的，但是他们没有把辅料费用付给我们。这个星期老板跟我说，这笔费用可能要不回来了。老板让我去跟他们商量，寄一些他们的样衣给我们，因为广州的面料很好，我们可以寄给客户，帮他们推销，到时候客户下了订单，我们可以下给他们工厂做。然后我就给对方打了电话，对方负责人说她现在在外面，让我发邮件跟她说。昨天发了邮件，今天还是没得到回复。老板说这是一个艰巨的任务，我也这么觉得，希望能顺利解决。

时间段	2014-3-17 至 2014-3-23
实习单位	宁波豪联服装有限公司
岗位名称	跟单实习生
内容	俄罗斯客户开始要求我们打样了。老板让我去网上找一下面料，我找到了一家，寄过来的面料也很符合我们的要求，对方要求我们整匹购买。我们不需要这么多面料，老板让我去找找别家，另一个面料厂的负责人说他现在手上没有这些面料，他愿意帮我们去寻找。但是迟迟没有得到他找到面料的消息，所以老板还是让我找之前那家，我们就按整匹布买。 　　我通过阿里旺旺和对方联系，但是对方迟迟没有回复，老板让我打电话过去说，我说我不敢打。他叫我不要怕，又不是有求于人，是有生意给对方呀，他说他支持我，叫我勇敢地去。 　　然后我就给对方打电话了，一开始还是不自然，后面就好一点了，我相信我以后肯定会越做越好的。

时间段	2014-3-31 至 2014-4-6
实习单位	宁波豪联服装有限公司
岗位名称	跟单实习生
内容	后来我给那家面料公司打了电话，让他寄我们需要的漂白网眼布过来。可是当我们收到的时候感觉品质实在是太差了，和他们第一次寄给我们的完全不一样。老板看了一下对方的名片说："他们肯定不是工厂。"我说"你怎么知道的呀？"老板说："你不信，我打电话去问一下。"果然，他们不是工厂，只是一个公司。老板说他们第一次会寄品质那么好的面料，是因为有些客户可能看到面料不错就下单了，到时候他们就寄低品质的面料给你。 这家的面料不行，我又重新开始了寻找。阿里巴巴上的面料厂家我都差不多找遍了，于是我就拿出了从广交会、华交会收集来的面料商名片，给他们发了邮件，很快便收到了回复邮件。老板说"钱晶，你终于长大了。"我说："你应该说我专业啦。"希望这次能找到符合要求的面料，这样我们就可以顺利地进行样衣生产了。

时间段	2014-4-7 至 2014-4-13
实习单位	宁波豪联服装有限公司
岗位名称	跟单实习生
内容	韩国客户给我们下了订单，但是最终客户是美国客户，所以韩国客户要求我们将绣花片以及色卡寄去美国，他指定了 AAE EXPRESS 这个快递。因为这个单子比较大，有 136 个绣花，我们需要分很多次寄。 之前给快递打电话都很顺畅，之后有一次我打电话的时候，对方传来的声音就是"您拨打的电话忙"，然后就自动挂断了。我就想着第二天再打，先把货寄到 AAE 上海仓库。第二天，我再打 AAE 的客服电话，还是打不通，其他电话也打不通。这个时候我有点着急了，我就想是不是今天是他们的休息日呢，上网百度也没有关于这方面的消息。我还是给仓库那边打了电话，但是没有人接。我就觉得有点慌了，考虑要不要告诉老板，后来我想到之前给 AAE 发过邮件，再给他们发一封邮件，或许会得到回复。我就把我的单号告诉对方，要求他把他们的单号发给我，半个小时之后，我收到了他们的回复，顿时觉得轻松了。

时间段	2014-4-21 至 2014-4-27
实习单位	宁波豪联服装有限公司
岗位名称	跟单实习生
内容	上周巴西男女装订单的客户来查货，总共 4 人，两个中国人和两个巴西人。本来女装应该在三月份出货，因为工厂来不及做就一直拖到了四月份，为此客户扣了我们 10% 的货款，我们也无话可说，本就是我们拖延了货期。可是谁知这次客户带来的 QC 不停地挑衣服的毛病。我和老板娘从查货间出来的时候，老板娘对我说："他们肯定是有目的。"我说："是为了我们再降价吗？"老板娘说："肯定的。" 　　查货期间客户的司机在办公室休息，司机跟我们说他们公司已经和很多工厂合作破裂了，每次去查货的时候都会找出各种理由，要求工厂降价。有一次，他们跟一家工厂负责人说他们不要货了，那个公司的负责人居然傻傻地说那我这个货送给你，另外的货你全部收走。又一次，他们跟另外一家工厂说这批货不要了，船期赶不上，那家工厂的负责人就说那我空运给你，那家工厂负责人请他们吃饭的时候请了当地的主管部门领导，然后巴西人就怕了，老老实实地收了那批货。 　　后来巴西客户来跟老板说这批货的质量不好，老板就对他说那我们找第三方查货吧，如果到时候最终客户说有问题，我们会负全责。 　　有惊无险，这一周所有的女装顺利出货啦。

附录二

跟单岗位毕业设计

以下是跟单岗位毕业设计的案例,以二维码的形式呈现。

BIRGMA 保温杯出口跟单流程解析
——以哈尔斯公司为例

关于各式茶杯出口的跟单流程探讨

关于小家电出口跟单流程探讨

浅析宁波旷世智源工艺设计股份有限公司
密封罐外贸出口业务跟单流程

浅析宁波海曙洋嘉宝行国际贸易有限公司
圣诞礼品外贸跟单流程及操作技巧

浅析思逸倍欣公司园林工具产品
出口业务跟单流程及操作技巧

附录三

专业外语词汇及常用缩写

一、常用单词或词组

accordingly 相应地

Accounting Department 财务部

advertising sample 广告样、宣传样

advise 告知

advising bank 通知行

all risks 一切险

amendment of L/C 信用证修改

applicant 开证申请人

apply for 申请

approval 批复、批准

approval sample 确认样

arbitration 仲裁

artwork 工艺单

assortment 分类、搭配

attach 附上

attachment 附件

average 海损

balance payment 余款

bar code 条形码

beneficiary bank 收款银行

beneficiary 受益人

blister pack 吸塑包装

branch 分行

brochure (产品、样品)宣传册

bulk order 大货单

bulk production 大货生产

bulk sample 大货样

business registration 商业注册、商业登记

buying meeting 采购会议

Canton Fair 广交会

capacity 产能

cargo transportation insurance 货物运输保险

carrier 承运人

carton 纸箱

cash 现金

catch for 赶上

categories 类别

certification 认证

claim 索赔

clean on board B/L 清洁已装船提单

comments 评语、意见

commission 佣金

commodity inspection 货物的检验

company profile 公司简介

confirm 确认

confirmed L/C 保兑信用证

confirmed sample 确认样

consignee 收货人

counter sample 对等样品

counter-offer 还盘、还价

courier 快递

critical defect 严重缺陷(疵点)

currency 货币

customer meeting 客户见面会

customization 客户定制

customs　海关

deal　交易

declaration　声明

deferred payment　延期付款

delay　延迟、延期

delivery date　出货日期

deposit　定金

development sample　开发样

discount　折扣

discrepancy　不符点

dispute　争议

double blister　双面吸塑包装

down payment　定金

dry container　干货柜

egg crate grid　蛋格包装

employee　雇员

enclosed　附上

expiry date　到期日

express　快递

extend　延长

factory size in square feet　工厂面积(平方英尺)

factory　工厂

fail　未通过

filling　填充物

Finance Department　财务部

follow up　跟踪、跟进(订单)

for reference only　仅供参考

force majeure　不可抗力

foreign exchange rate　汇率

freight forwarder　货运代理

freight ton　运费吨

friendly negotiation　友好磋商

hanging packing　挂式包装

have a check　查收

heat treatment　热处理

high-end market 高端市场

hook 挂钩

house B/L 货代公司提单

in name of 以……的名义

inquiry 询盘、询价

insert 插入

insurance certificate 保险证明

insurance company 保险公司

insurance policy 保险单

insurance premium 保险费

insured amount 保险金额

insurer 承保人

involved in 涉及

irrevocable L/C 不可撤销信用证

issuing bank 开证行

keep sample 留样

L/C at sight 即期信用证

latest date of shipment 最迟装运日

lead time 生产周期/交货期

lots 批次

main mark 正唛

major defect 主要缺陷(疵点)

make sample 打样

manufacturer 制造商

master B/L 船公司提单

measurement 体积、尺寸

merchandiser 跟单员

mill 工厂

minor defect 轻微、次要缺陷(疵点)

monthly output 月产量

negotiating bank 议付行

neutral packing 中性包装

note 注意、知悉

notify party 通知方

ocean bill of lading 海运提单

off season　淡季

offer 发盘

opening bank　开证行

original sample　原样

outsourcing　外包

partial shipment　分批装运

pass　通过

payment in advance　预付货款

payment terms　支付条款

peak season　旺季

penalty　罚金、违约金

phone conversation　电话交谈

place order　下订单、订购

port of discharge　卸货港

port of loading　装运港

postpone　推迟

presentation period　交单期限

price list　价格单、报价单

price offer　报价

product inspection　货物检验

Production Department　生产部

production Lines　生产线

production sample　大货样

prohibit　禁止

purchase　采购

push　催/敦促

QC Department　质检部

quality standard　质量标准

quotation　报价

R&D Department　研发部

reconfirm　再次确认

reference sample　参考样品

regular customer　老客户

regular　常规的

remark　备注、说明

repeat order 翻单

respectively 分别地

return sample 回样

revise 修改

sales contract 销售合同

Sales Department 业务部、销售部

salesman sample 销售样

sample order 样品单

scan 扫描

settlement 结算

shipment sample 船样

shipper 托运人

shipping sample 船样

shipping company 船公司

shipping mark 唛头

side mark 侧唛

sign the contract 签合同

signature 签名

sourcing 采购

staff 员工

sub-branch 支行

supplier 供应商

surcharge 额外费用、附加费

surrendered 电子放单、电放

Technology Department 技术部

telex-release 电放

test report 检验、测试报告

test standard 测试标准

the rest of 剩余的

tracking No. 快递单号

trading company 贸易公司

transit agent 运输代理、货代

transport packing 运输包装

transshipment 转运

trial order 试样单

underwriter　承保人

up-charge　附加费

urgent　紧急的

validity　有效期

vendor　卖方、供应商

verified　已核实的、已认证的

warehouse to warehouse clause　仓至仓条款

wooden packing　木质包装

workmanship　工艺

workshop　车间

二、常用单词缩写

A/C No. (Account Number)　银行账号

AC (Acceptable)　可接受的

AQL (Accept Quality Limit)　接受质量限

ART No. (Article Number)　商品编号

Asap (As Soon As Possible)　尽快

ATA (Actual Time of Arrival)　实际到港时间

ATD (Actual Time of Departure)　实际离港(开船)时间

AWB (Air Waybill)　空运单、快递单

B.C.C (Blind Carbon Copy to)　暗送

B2B (Business to Business)　企业—企业

C.C. (Carbon Copy to)　抄送

C.I.C. (China Insurance Clause)　中国保险条款

CBM (Cubic Meter)　立方米

CCPIT (China Council for the Promotion of International Trade)　中国对外贸易促进会

CE (Conformity with European)　欧盟 CE 指令

Cfm (Confirm)　确认

CFR (Cost and Freight ... Named Port of Destination)　成本加运费…指定目的港

CFS (Container Freight Station)　集装箱货运站

CIETAC (China International Economic and Trade Arbitration Commission)　中国国际经济与贸易仲裁委员会

CIP (Carriage and Insurance Paid to ... Named Place of Destination)　运费、保险费付至…指定目的地

CIQ (China Entry-Exit Inspection and Quarantine Bureau)　中国检验检疫

CO (Certificate of Origin)　原产地证明

CPT (Carriage Paid To ... Named Place of Destination)　付运费至…指定目的地

CTN (Carton) 箱

CY (Container Yard) 集装箱堆场

D/A (Documents against Acceptance) 承兑交单

D/P (Documents against Payment) 付款交单

ETA (Estimated Time of Arrival) 预计达到时间

ETC (Estimated Time of Closing) 进仓日、截关日

ETD (Estimated Time of Departure) 预计离港(开船)时间

EU (European Union) 欧盟

FOB (Free on Board ... Named Port of Shipment) 装运港船上交货……指定装运港

F.P.A. (Free from Particular Average) 平安险

FCL (Full Container Load) 整箱

FTY (Factory) 工厂

G.W. (Gross Weight) 毛重

GSP (Generalized System of Preferences) 普惠制

I.C.C. (Institute Cargo Clause) 协会货物条款

IPPC (International Plant Protection Convention) 国际植物保护公约

ITS (Intertek Testing Services) 香港天祥公证行

LCL (Less than Container Load) 拼箱

LDD (Latest Date Of Delivery) 最迟装运期

Meas. (Measurement) 尺寸

MOQ (Minimum Order Quantity) 最小订单量

MTO (Make-to-Order) 订单型生产

MTS (Make-to-Stock) 预估型生产

N.W. (Net Weight) 净重

O2O (Online to Offline) 线上—线下

ODM (Original Design Manufacturer) 原始设计制造商

OEM (Original Equipment Manufacturer) 原始设备制造商

OHSAS (Occupational Health and Safety Assessment Series) 职业安全健康管理体系

PCT (Percent) 百分比

PDQ (Products Display Quickly) 产品展示盒

PI (Proforma Invoice) 形式发票

Pls (Please) 请

PO (Purchase Order) 采购订单

PP sample (Preproduction Sample) 产前样

PT (Pantone) 潘通色卡

QA (Quality Assurance) 品质保证

QC (Quality Control) 质检员、验货员

QTY (Quantity) 数量

R&D (Research & Development) 研发

Rej (Reject) 拒绝

RFQ (Request for Quotation) 询盘、询价

SA (Social Accountability) 社会责任标准

SC (Sales Confirmation) 销售确认书

SGS (Société Générale de Surveillance) 瑞士通用鉴定公司

SWIFT (Society for Worldwide Interbank Financial Telecommunications) 环球银行间金融通信协会

T/T (Telegraphic Transfer) 电汇

W.P.A. (With Particular Average) 水渍险

参 考 文 献

[1]　中国国际贸易学会商务专业培训考试办公室. 外贸跟单理论与实务. 北京：中国商务出版社，2009.

[2]　刘春朝，黄燕，王一名，等. 外贸跟单与生产跟单. 北京：电子工业出版社，2011.

[3]　邵作仁. 外贸跟单操作实务. 北京：中国商务出版社，2013.

[4]　吴蕴. 外贸跟单实务. 2 版. 杭州：浙江大学出版社，2013.